# 社交媒体下旅游景区危机信息时空扩散研究

杨　敏　张妍妍　庞　璐　著

国家自然科学基金项目“社交媒体下景区危机信息扩散及时空效应研究”

（No.41401639）和

2015 年国家旅游局旅游业青年专家培养计划（No.TYETP201560）

联合资助

科 学 出 版 社

北　京

## 内 容 简 介

旅游景区在旅游业发展中具有举足轻重的作用，而互联网背景下，微博、微信等社交媒体给危机信息的传播提供了更为开放和去中心化的交流空间，使得任何弱小的景区危机都有可能在网络传播中被无限放大，从而引发更深层次的危机。本书以近几年发生在不同旅游景区的五起危机事件为案例，运用传播学、计算机科学及地理学等研究方法深入分析景区危机事件信息在在线社交媒体网络中的扩散特征、扩散模式及时空效应和影响因素等。本书有助于厘清景区危机事件信息在网络和现实地理空间的扩散规律、机制及相互关系，提高旅游景区危机管理效率。

本书适合对旅游信息科学、旅游危机管理感兴趣的本科生、研究生及教师，旅游目的地相关政府管理部门以及旅游景区相关管理人员等阅读。

**图书在版编目（CIP）数据**

社交媒体下旅游景区危机信息时空扩散研究/杨敏，张妍妍，庞璐著.
—北京：科学出版社，2017.8

ISBN 978-7-03-054171-0

Ⅰ.①社… Ⅱ.①杨… ②张… ③庞… Ⅲ.①旅游区–突发事件–传播媒介–研究 Ⅳ.①F590.3

中国版本图书馆 CIP 数据核字（2017）第 199189 号

责任编辑：徐 倩 / 责任校对：孙婷婷
责任印制：吴兆东 / 封面设计：无极书装

科 学 出 版 社 出版
北京东黄城根北街 16 号
邮政编码：100717
http：//www.sciencep.com

北京京华虎彩印刷有限公司 印刷
科学出版社发行 各地新华书店经销
*

2017 年 8 月第 一 版 开本：B5（720 × 1000）
2017 年 8 月第一次印刷 印张：9 3/8
字数：178 000

**定价：60.00 元**

（如有印装质量问题，我社负责调换）

# 序

自1978年改革开放以来，我国旅游业取得了巨大的成就。为了促使旅游业持续快速增长，推进旅游产业转型升级，我国连续出台了系列关于旅游发展的相关政策文件，如《国务院关于加快发展旅游业的意见》（国发〔2009〕41号）、《国务院关于促进旅游业改革发展的若干意见》（国发〔2014〕31号）、《国务院办公厅关于进一步促进旅游投资和消费的若干意见》（国办发〔2015〕62号）等。国发〔2009〕41号文件明确提出旅游业战略性支柱产业与人民群众更加满意的现代服务业的发展定位，将旅游业提到了前所未有的高度。国发〔2014〕31号文件则要以全面实施旅游业的改革来推进旅游业发展，要求把握住旅游业市场化水平和开放程度较高的特点，始终坚持旅游发展要向改革要动力、向市场要活力，着力转变政府职能，建立公开透明的市场准入标准和运行规则，强调打破行业、地区壁垒，积极培育壮大市场主体，扶持特色旅游企业等。国办发〔2015〕62号文件认为旅游业是我国经济社会发展的综合性产业，是国民经济和现代服务业的重要组成部分，要求通过改革创新促进旅游投资和消费，从而推动现代服务业发展，增加居民就业和收入，提升人民生活品质。这些政策法规在实践中起到了巨大作用，我国旅游业取得了喜人成绩，2016年全年实现旅游总收入4.69万亿元，同比增长13.6%。

随着信息和通信技术的不断进步，信息化已经成为世界发展的主流，我国也已经进入信息化社会。旅游信息化对于旅游业的影响十分广泛和深入。其中最令人惊叹的是移动互联网和基于位置的服务对旅游业影响至深。受到新媒体的影响，旅游信息的传播和扩散进入"新时代"，用户创造内容成为旅游信息传播的新方式，为旅游信息的传播提供了非常广阔的天地。但是凡事有利有弊，在营销信息快速传播的同时，一些不利于景区和旅游目的地发展的负面信息（如危机信息等）也在这样的环境中快速扩散与传播，给目的地和景区带来了很大困扰。例如，最近几年丽江的系列危机事件就给丽江乃至云南的旅游形象带来了巨大的影响。"信息"已经深入人类生产和生活的各个角落，成为连接不同旅游主体的桥梁，同时也改变了旅游管理、旅游决策、旅游行为、旅游营销等诸多方面。在社交媒体时代，准确把握旅游信息的扩散规律，构建扩散模型是学界和业界的共同需求。

杨敏博士能够准确把握学科的发展前沿，致力于旅游信息行为和信息扩散的研究。《社交媒体下旅游景区危机信息时空扩散研究》是在其博士学位论文和国家自然科学基金项目等科研工作基础上，经深入挖掘、科学提炼而成。该书从时空视角展开，全面分析了国内外相关研究的现状，以我国影响较大的“五个景区危机事件”为案例，采用了空间分析、网络分析等不同时空研究方法，重点探索了危机信息扩散的关键节点、时空扩散特征和影响因素及其扩散模式等科学问题，最后对景区危机信息的控制和应对提出了具体的对策。该书弥补了我国旅游景区危机信息时空扩散的研究弱项，既有较高的理论水平，也具有很强的应用价值，对于学界和业界均有很强的参考价值。

冯耀峰

2017 年 6 月 8 日

# 前　言

近年来，我国旅游产业全面进入大众化发展阶段，旅游人次数、外出旅游频次、旅游收入等不断增加，游客在旅游方式、需求偏好等方面也出现了许多新变化。与此同时，信息和通信技术，尤其是移动通信技术的快速发展给旅游业带来了革命性的变化，旅游目的地管理观念和手段、旅游的商业模式、游客的消费行为等均以前所未有的速度发生着巨大的变革。在此背景下，旅游业发展的环境更加复杂，影响因素不断增加，其所面临的潜在风险也越来越大。而以微博、微信为代表的社交媒体不断普及，逐渐发展成为公众获取信息和分享信息的主要渠道，加剧了旅游业发展环境的复杂性。社交媒体环境下，危机信息的传播更为开放和去中心化，任何看似弱小的危机信息都有可能被放大和拉近，引发危机的不断显化和深化，从而给旅游目的地带来不可估量的损失。因此，深入研究社交媒体环境下旅游危机信息的扩散规律及特征对于旅游业的可持续发展具有重要价值和意义。

本书依托国家自然科学基金项目“社交媒体下景区危机信息扩散及时空效应研究”（No.41401639），以近几年发生在不同旅游景区的五起危机事件为案例，利用新浪微博为数据源，在传播学、计算机科学以及地理学等学科相关理论的指导下，运用文献分析、案例分析、社会网络分析以及统计分析等方法具体研究了景区危机信息在社交媒体扩散中关键节点的特征，分析了微博粉丝数、发微博数以及关注数对危机信息扩散的影响。在此基础上，探讨了景区危机信息微博扩散的不同模式，总结了其总体特征。基于时空视角，研究了景区危机信息扩散的时间规律，以及网络映射下的地理空间分布特征，探究了空间效应背后隐藏的扩散机制等。全书共分为八章，包括绪论、研究进展、理论基础与研究框架、景区危机信息扩散中的关键节点、危机信息扩散的历时性分析、景区危机信息空间扩散及效应、景区危机信息扩散模式以及危机信息处理等。本书有助于厘清景区危机事件信息在网络和现实地理空间的扩散规律、机制及相互关系，有助于提高旅游景区危机管理效率。

本书由杨敏统稿，具体的章节分工如下：第 1 章、第 4 章和第 7 章，由张妍妍和杨敏撰写；第 2 章和第 3 章，由庞璐和杨敏撰写；第 5 章、第 6 章和第 8 章，由杨敏撰写。在撰写过程中，陕西师范大学地理科学与旅游学院的马耀峰教授、李君轶教授提出了大量宝贵意见。西安邮电大学计算机学院的王小银副教授及其团队在数据获取与处理方面给予了鼎力支持，西安财经学院商学院刘静、李小会和张璐等学生在资料整理中付出了不懈努力，在此表示深深的感谢！

由于作者水平有限，书中不妥和疏漏之处在所难免，不足之处请读者批评指正。

杨　敏

2017 年 6 月 6 日

# 目　　录

# 第 1 章　绪　　论

在移动互联网飞速发展的时代，社交媒体成为人们重要的信息发布和信息获取工具，在信息传播中具有重要的地位。旅游景区是主要的旅游目的地，危机事件的发生对于景区和旅游目的地的发展具有重要影响，在这样的社会大背景下，研究旅游景区危机事件的信息传播具有重要的理论意义和实践价值。

## 1.1　研究背景

随着社会和经济的发展，旅游业已成长为全球增长最快、势头最强劲的行业，也是世界经济中规模最大的产业之一。据世界旅游及旅行理事会（The World Travel & Tourism Council，WTTC）预计，到 2020 年，全球国际旅游消费收入将达到 2 万亿美元；另据世界旅游协会的预测，2010～2020 年，国际旅游业人数和国际旅游收入将分别以年均 4.3%、6.7%的速度增长，高于同期世界财富年均 3%的增长率；到 2020 年，旅游产业收入将增至 16 万亿美元，相当于全球国内生产总值（gross domestic product，GDP）的 10%；所提供工作岗位达 3 亿个，占全球就业总量的 9.2%，从而进一步巩固其作为世界第一大产业的地位[1]。同时我国的旅游业也快速发展，成为我国经济快速发展的重要推动力量。

### 1.1.1　我国进入大众旅游时代

改革开放 30 多年，中国旅游业从短缺旅游阶段，经过起步、成长、拓展等阶段，逐步发展成为国家经济社会发展的重要组成部分，中国成为全世界最大的国内旅游消费市场。国民人均出游从 1984 年的 0.2 次增长到 2015 年的 3 次，增长了 14 倍。国内游客数量从 1984 年的约 2 亿人次扩大到 2015 年的 40 亿人次，增长了 19 倍，年均增长 10.2%；特别是自 2000 年以来，国内游客数量呈持续高速增长，推动中国步入了大众旅游时代，成为世界上拥有国内游客数量最多的国家。国内旅游收入也从 1985 年的约 80 亿元增加到 2015 年的 34 200 亿元，增长了426.5倍，年均增长22.4%。2015年，中国旅游总收入超过4万亿元，其中，国内旅游收入占全国旅游总收入的比例达到了85.8%，成为中国最主要的旅游消费市场。据国家统计局数据显示，旅游对中国GDP的直接贡献率为4.9%，综合贡献率达到了10.8%。

从入境市场看，中国已是世界第四大旅游入境接待国。入境旅游人数（含入境过夜游客，下同）从1978年的180.92万人次增加到2015年的1.33亿人次，增长了72.5倍，年均增长12.3%；旅游外汇收入从1978年的2.63亿美元增加到2015年的1136.5亿美元，增长了431倍，年均增长17.8%。从出境市场看，中国是全球增长最快的客源输出国之一，已成为世界第一大出境旅游消费国。2014年，中国大陆公民出境旅游人数突破1亿人次，达到了1.09亿人次，2015年上升为1.2亿人次，比1992年的298.87万人次增长了39倍。中国公民出境旅游目的地已扩大到151个国家和地区，成为世界重要的旅游客源国。

在我国旅游产业全面进入大众化发展的背景下，不仅旅游人次数、外出旅游频次、旅游消费量激增，在旅游方式、消费需求及偏好等方面也出现新变化，给旅游目的地的管理带来了新的挑战。首先，大众旅游时代，旅游已成为人们的日常消费，外出旅游频次和人数不断增加，加速了旅游旺季和热点区域的供求矛盾。特别是法定节假日期间，一些热点热线人满为患，不仅游客的旅游体验和满意度下降，还给当地的服务设施、交通以及环境资源造成压力，为各种危机事故的发生埋下巨大隐患。其次，大众旅游时代，参与旅游的人群广泛，游客属性呈现多元化特征，个性化的非传统性旅游活动层出不穷。2013年《中华人民共和国旅游法》实施后的首个“十一黄金周”，散客和团队游比例达到7∶3，自助游、散客化、定制旅游越来越受到游客的青睐。客源结构的复杂性、旅游消费偏好的多样化增加了游客管理的难度。最后，大众旅游时代，游客的旅游经历和经验越来越丰富，对旅游目的地的期望以及对其旅游设施、服务质量和管理水平的要求也越来越高。加上游客旅游维权意识的不断增强，以及自媒体时代信息传播成本的降低，游客对服务稍有不满就有可能通过网络渠道快速将图文并茂的负面信息传播出去，给旅游目的地带来不良影响。旅游业本身又具有综合性、关联性、敏感性及脆弱性等特征，因此，在诸多复杂多变且不可控的因素影响下，大众旅游时代的新变化给目的地旅游危机管理带来了新的挑战。

### 1.1.2 社交媒体时代方兴未艾

信息化是人类社会进步发展到一定阶段所产生的一个新时代，是在计算机技术、数字化技术和生物工程技术等先进技术基础上孕育而生的，信息化使人类以更快更便捷的方式获得并传递人类创造的一切文明成果。信息化不仅是21世纪现代化的特征之一，也是全球经济社会发展的显著特征，并已逐步向一场全方位的社会变革演进，其深刻影响将在重塑世界政治、经济、社会、文化和军事发展格局方面发挥重要作用。21世纪，信息将成为第一生产要素。世界各地计算机的广泛普及，信息高速公路的大力建设，为全球性的信息库和信息交换中心奠定了可靠且重要的技术物质基础，激发了全球互联网的高速发展。互联网作为一种潜力巨大的信息库和信息交换中心，为世界经济的发展提供了新的动力和活力。

随着互联网的不断普及，尤其是Web 2.0技术和用户创造内容促使了社交媒体的出现与发展，人们越来越多地使用网络进行在线社交、信息交互和在线休闲娱乐等各项活动。社交媒体（social media）指一系列建立在Web 2.0的技术和意识形态基础上，允许用户生产内容（user generated content，UGC）的创造和交流的网络应用[2]。这里的意识形态指软件开发者和最终用户开始把互联网作为平台来使用，内容与应用不再由个体创造和发布，而是经由参与式、协作式之路持续不断地被所有用户所改动和调整，由此产生了Web 2.0时代参与、公开、对话的特性。社交媒体包括多种广泛的技术，从如Skype的视频/远程会议技术和Flickr的在线媒体库技术，到如Twitter的微博技术和Facebook社交网络网站[3]。社交作为互联网应用发展的必备要素，不仅限于信息传递，还借助其他应用的用户基础，融入沟通交流、商务交易等功能，形成更强大的关系链，从而实现对信息的广泛、快速传播。中国互联网络信息中心（China Internet Network Information Center，CNNIC）数据显示，截至2016年12月[4]，中国网民规模达7.31亿人，互联网普及率达到53.2%，超过全球平均水平3.1个百分点，超过亚洲平均水平7.6个百分点；网民的人均周上网时长为26.4小时。网络已逐渐扩展成人们获取信息数据、表达自身观点乃至具有重要现实影响的社交空间[5]。特别是随着移动通信网络环境的不断完善，以及智能手机的进一步普及，基于移动端的社交应用深入渗透到用户的各类生活需求中。截至2016年12月[4]，我国手机网民规模达6.95亿人，网民中使用手机上网的人群占比由2015年底的90.1%提升至95.1%。网民中即时通信用户规模达到6.66亿人，占网民总体的91.1%。其中手机即时通信用户6.38亿人，占手机网民的91.8%。

在线社交媒体最注重用户之间的交互。以微博、QQ、微信等为代表的新一代社交网络在国内使用广泛，其中基于即时通信工具而衍生出的网络社交圈，如微信朋友圈、QQ空间，其使用率高达79.6%和60.0%（截至2016年12月），其碎片化、开放性、整合性、即时性、跟随性等传播特点明显[6]，使得信息传播与扩散在网络上顺畅无阻，越来越成为公民、新闻媒体以及其他机构发布信息的重要平台[7]。微博，是基于社交关系进行信息传播的公共平台，通过人与人之间的“关注”“被关注”方式来传播信息。在内容维度上，微博正在从早期关注的时政话题、社会信息，更多地向基于兴趣的垂直细分领域转型，其用户使用率达37.1%（截至2016年12月）。微博已成为各类信息的集散地和舆论场。互联网已经演变成具有强大社会影响力和舆论推动力的重要信息传播与扩散工具，而不再是传统意义上提供信息服务和信息交流的平台。新一代在线社交媒体使得非职业传播者的地位提高，重大事件在众多职业传播者和他们的共同参与下，使得网络空间与现实空间的信息实现了扩散与“回流”，事件信息在现实世界中的影响力通过网络空间再度汇聚而成倍递增，并对现实影响形成了巨大冲击力[8]。

### 1.1.3 我国进入旅游信息高度互动和共享时代

我国进入了信息时代，信息成为旅游的命脉[9]，旅游业的发展与信息和通信技术的进步密切相关[10]。网络旅游信息的整个传播环境因为信息技术的发展而发生了革命性的改变，形成了所谓的新媒体环境，即前面提到的以Web 2.0时代的互联网为主要平台，由计算机、手机、移动客户端等多项技术共同支撑的新信息传播环境[11]。新媒体环境突破了时间和空间的限制，随时随地的交流将整个旅游产业引入一个新的交互层面，互联网和各种移动客户端越来越成为人们获取旅游信息的第一来源[12]，游客通过网络获取旅游信息的习惯已经转换为通过网络来分享、交流他们的旅游信息与经历。在信息技术高度发达的时代，社会发展呈现信息化趋势，信息和传播技术与旅游业深度结合，打破了传统旅游信息传播要素之间的固有平衡，改变了旅游者以往被动的局面。信息化时代，人人都是自媒体，旅游信息的传播者和受众之间的界限越来越模糊化，传播的旅游信息占据了在线旅游信息传播过程中的主导地位，尤其是基于 Web 2.0 技术以信息记录、分享、人际关系交互为主的网络虚拟社区的形成更是将旅游者之间的参与性与交互性发挥到了更高的阶段，使得旅游者之间的信息高度互动和共享。人人都是游客，人人都是自媒体。目的地的网络口碑、形象对游客的旅游决策有重要影响。

### 1.1.4 景区是旅游目的地的核心吸引物

旅游目的地是旅游活动中最重要和最有生命力的部分，也是旅游接待的载体，是构成旅游者所需要的旅游吸引物和服务设施的所在地。从系统科学的角度，旅游目的地是具有统一和整体形象的旅游吸引物体系的开放系统，在管理上有一定的行政依托，在空间上具有一定的层次性[13]，旅游目的地系统主要由吸引物、设施、服务等三方面要素构成[14]，而吸引物构成了旅游系统的驱动力[15]。目前，旅游景区不仅是我国旅游业重要的生产力要素，更是旅游目的地的核心吸引物，亦是目的地形象的重要体现。旅游景区已成为推动目的地旅游业发展、塑造目的地旅游业品牌、提升目的地知名度的关键力量[16]。

旅游业的快速发展催生了大量新建景区，加剧了旅游景区的相互竞争，无论是努力开拓新客源还是吸引游客故地重游，越来越多的研究者发现，目的地形象问题是吸引游客最关键的因素之一[17]。作为目的地核心吸引物的景区，其形象亦是稳定客源的保证[18]。旅游景区形象不仅影响着游客的主观感知，而且影响着其消费购买决策[19]，游客对某一景区形象的感知越积极，就越有可能将该景区作为备选方案[20]。随着互联网的发展和社交网络的普及，网络已经成为影响旅游者旅游地形象认知的重要渠道[21]，旅游者不仅可以低成本地获取景区信息，而且可以通过微博、论坛等方式共享并传播关于景区的所有信息。研究表明网上信息搜索行为可以极大地改变旅游者对目的地的形象感知[22]，自媒体时代，网络信息已经嵌入景区形象传播的过程中[23]，既是受众又是传播者的旅游者不仅被信息影响着，也重塑着旅游地（景区）的形象，并对游客的决策产生重要影响[24]。因此，社交媒体时代，基于旅游者分享方式的网络信息传播向旅游目的地和景区管理提出了严峻的挑战。

### 1.1.5 危机信息传播成为影响景区可持续发展的重要因素

景区危机事件的在线信息作为一种旅游特殊情境下的特殊信息形态存在于复杂互动的社会网络中。作为一种非常态传播，旅游危机事件的危机信息传播是一个失衡的、脆弱的信息系统，其信息在传播、共享过程中充斥着混乱的符号和不确定意义[11]。新的社交媒体环境给危机信息的传播提供了更加开放、去中心化的平等交流空间，再加上景区危机事件本身的特殊性，这必然给应对旅游危机信息在线扩散带来巨大的挑战。当前，世界各国的旅游业都得到迅速发展，但是旅游活动触及面比较广泛，不确定因素比较多，加上容易受外界因素影响，因此仍存在诸多问题。特别是在社会化网络日益成型的今天，突发的旅游危机事件在网络上的发生频率明显增加，原因是任何危机事件受到传统单一政府、媒体或者“把关人”的管制的时代已经消失，在新媒体环境下，危机事件从发生、发展直至最后消亡的任何阶段的信息均能迅速传递给公众并引起公众的广泛关注；另外，信息传播者和接受者的不平等状态在新媒体环境下开始土崩瓦解，每个人都是信息的生产者，每个人都是信息的传播者，每个人也都是信息的接受者。如果传统媒体时代更多的还是意味着“传播者至上”，那么新媒体时代则更多地意味着“传播至上”，全方位辐射性扩散模糊了传受双方的界限，在这种自由、双向、互动的信息流通环境下，任何弱小旅游危机事件都易在网络环境下转化为巨大的旅游危机信息，并不受控制地为人们提供集体“狂欢”的契机。

旅游业是一个敏感性行业，自然灾害、经济危机、社会动乱等任何因素都会对旅游业产生影响，侯国林将突发的自然灾害、经济危机或社会动荡称为背景型旅游危机，而将旅游活动中所产生的非预见性事件如旅游突发事故称为内在型旅游危机[25]。显然，内在型旅游危机事件与旅游者的人身财产安全息息相关。相较于外界自然灾害造成的旅游危机，景区内发生的危机事件更可怕，产生的影响更严重。换言之，景区的突发危机事件更能引起旅游者对旅游目的地形象和安全的消极感知。不置可否，对旅游活动造成影响的最重要因素之一就是旅游安全。旅游安全会对旅游者的旅游活动过程和旅游愿望产生直接影响[26]。当景区遭遇危机事件时，旅游危机信息在线扩散主要体现为事件的当事人、亲历者或者公众人物以“广播”的形式扩散，最终导致事件的现场信息在在线社交媒体上急剧增加，形成爆炸效应和舆论聚合效应，进而危及景区的形象感知和安全，左右旅游者的旅游决策行为，因此会对旅游目的地旅游业的可持续发展产生严重影响[27]。新媒体的超链接与超级存储量让旅游危机信息的传播突破了时间和空间的限制，表现多样的旅游危机信息符号，使得景区危机信息扩散更加快速和难以控制[28]。如果在旅游危机发生后，景区（点）或有关部门不能及时作出回应，向社会发布权威信息，非权威信息就会填补政府留下的信息空白[29]，从而影响旅游者对景区（点）或者旅游目的地的认知。因此在社会网络环境下，了解旅游危机事件信息在线传播的时空扩散规律、空间结构、扩散模式以及传播者显得格外重要。

## 1.2 研究意义

随着微博平台的日渐成熟和微博受众的日益壮大，微博已经成为继社交网络服务（social networking service，SNS）网站和博客之后的又一大信息传播的主要平台，成为最流行的新一代社交网络。信息传播的渠道被碎片化到每个拥有微博账号的用户手中，每个人都是信息的创造者、发掘者、分享者、扩散者。基于此，微博作为传播平台在信息扩散和社会舆论构建过程中扮演着至关重要的角色。随着信息社会和网络社会的日趋成型，信息成为连接整个社会最重要的桥梁，使得社会网络的关联达到了一个前所未有的高度。但是信息自身的不确定性和不对称性也造成整个社会结构的极度脆弱化，使得蝴蝶效应超越了以往任何时候，从政府、企业、文化产品的组织形象到个人形象都变得极度脆弱化，成为易碎品。旅游者在在线社会网络中的信息传播与交互现象是人类复杂行为的特例，特别是信息化的今天，在线社交媒体将更多的话语权转至旅游者手中，激发了旅游者对信息传播与分享的欲望，任何弱小的景区危机都有可能在网络传播过程中随时触动旅游者的神经，将景区危机不断地显化和深化。微博在旅游危机信息在线扩散过程中呈现出显著的群聚性，在短时间内就达到几十万次的微博转发数量，这些微博用户以最简单的“关注”和“转发”方式进行危机信息的分享与扩散，形成一个个大小不一的危机信息扩散网络[30]。

网络已经成为旅游者获取信息和传递信息的重要集散地，特别是在网络环境下，任何细小的旅游危机事件都有可能被无限放大，对旅游目的地的形象和安全认知造成不可估量的后果，在线社交媒体对于旅游信息传播所发挥的重要性已经毋庸置疑。但景区危机信息在在线社交媒体上如何扩散？呈现什么样的扩散模式？不同类型关键节点的信息传播能力如何？这些都需要在理论研究上进一步探讨。

网络社交媒体环境下，景区危机事件的爆发及危机信息扩散的研究，涉及旅游地理学、管理学、信息科学、传播学等多学科的交叉和融合。对景区危机信息扩散规模和扩散网络度值等的分析，不但融合了传播学和网络科学等学科知识，而且拓展了危机旅游学研究的领域。对危机信息关键节点扩散的时空行为规律的研究，尤其是在新媒体环境下的探讨，是行为学、信息传播学领域知识的交融，其研究结论能进一步揭示人类传播行为所隐藏的模式和法则，也为旅游学引入了新的研究视角。针对危机信息属性和用户地理空间属性等因素的分析成果，则丰富了旅游地理学和信息扩散的研究内容。

随着社会系统的复杂化和信息技术的快速发展，社会网络化日益完善，景区危机事件产生的危机信息更能吸引大众在网络上的关注，危机信息扩散得更快速，传统的危机管理在网络环境下变得力不从心。若不能及时对相关旅游危机信息在网络中的传播扩散规律作出判断，并对其进行有效的管理和引导，任其扩散爆发，将可能造成无法预计的后果。因此，通过发掘与探寻旅游景区危机信息时空扩散机制和规律，通过信息节点和信息链的控制，能够有效控制和干预旅游景区危机信息的传播，对于旅游景区和旅游目的地可持续发展具有重要的实践意义。

1）完善旅游景区和区域的危机管理制度

在旅游危机发生前，景区利用危机信息传播的特点建立预警机制，从而有效地预警危机事件的发生，提高景区的危机管理水平，提升旅游目的地的形象。在景区危机事件发生后，政府及有关部门、旅游目的地能够在有效的时间内迅速作出回应，快速准确地把握旅游危机信息在线扩散的时间和规律，对可能的关键节点用户及时进行沟通，从而进行合理有效的引导，避免产生更多的负面信息，造成更大规模的影响。景区危机事件的后期，旅游目的地或者有关部门亦可准确地利用这些关键节点进行有效的目的地营销，快速地转变之前旅游目的地受损的形象，借助于他们重塑旅游目的地的安全形象。

2）提升区域旅游竞争力

危机管理作为旅游景区管理的重要组成部分，其有效引导并应对危机情况的能力构成了景区的重要竞争力[31]。景区危机事件的爆发及危机信息的网络传播，会影响旅游者对目的地安全性的感知，降低旅游景区的吸引力。因此，对危机的管理能力已经成为区域旅游发展的一种重要资本，有效地引导危机信息传播并管理危机事件的能力是区域旅游竞争优势的一大源泉。本书通过研究景区危机信息传播的时空扩散规律，为景区和区域旅游发展提供借鉴，从而为区域旅游竞争力的提升创造条件，进而促进旅游地和旅游景区客源市场的拓展。

## 参 考 文 献


[1] 国家旅游局. 中国旅游发展报告2016[EB/OL]. [2016-08-25]. https: //wenku.baidu.com/view/1f800e96caaedd3383c4d3fe.html.

[2] Kapan A M，Haenlein M. Users of the world，unite! The challenges and opportunities of social media[J]. Business Horizons，2010，53（1）：59-68.

[3] Ellison N B. Social network sites：Definition，history，and scholarship[J]. Journal of Computer-Mediated Communication，2007，13（1）：210-230.

[4] 中国互联网络信息中心. 第39次中国互联网络发展状况统计报告[EB/OL]. [2017-01-22]. http: //www.cnnic.net.cn/hlwfzyj/hlwxzbg/hlwtjbg/201701/P020170123364672657408.pdf.

[5] 于海波. 网络话题作为定性数据来源的研究方法探讨——以旅游动机为例[J]. 旅游科学，2011，25（1）：46-53.

[6] 卢金珠. 微博客传播特性及盈利模式分析[J]. 现代传播，2010，（4）：127-130.

[7] Heverin T，Zach L. Microblogging for crisis communication：Examination of twitter use in response to a 2009 violent crisis in the Seattle-Tacoma，Washington Area[C]. Proceedings of the 7th International ISCRAM Conference. Seattle：ISCARM，2010：1-5.

[8] 孙海峰. 微博的病毒式传播研究[D]. 深圳：深圳大学，2012.

[9] Buhalis D. Strategic use of information technologies in the tourism industry[J]. Tourism Management，1998，19（5）：409-421.

[10] Patton B K，Aukerman R，Shorter J D. Wireless technologies，wireless fidelity（WI-FI）& worldwide interoperability for microwave access（WiMax）[J]. Issues in Information Systems，2005，6（2）：364-370.

[11] 张丽莉. 从危机传播视角看新媒体环境下的突发事件传播[D]. 苏州：苏州大学，2010.

[12] 姜胜洪. 试论网上舆情的传播途径、特点及其现状[J]. 社会纵横，2008，23（1）：130-135.

[13] 崔凤军. 中国传统旅游目的地创新与发展[M]. 北京：中国旅游出版社，2002：11.

[14] 吴必虎. 旅游系统：对旅游活动与旅游科学的一种解释[J]. 旅游学刊，1998，（1）：21-25.

[15] 田逢军. 中部崛起背景下江西旅游景区发展问题与提升路径[J]. 经济地理，2016，36（1）：194-199.

[16] 邱宏亮，吴雪飞，钱正英. 旅游景区形象对顾客忠诚的影响研究[J]. 旅游论坛，2012，5（1）：17-22.

[17] 宋章海. 从旅游者角度对旅游目的地形象的探讨[J]. 旅游学刊，2000，1（5）：63-67.

[18] 黄震方，李想，高宇轩. 旅游目的地形象的测量与分析[J]. 南开管理评论，2002，5（3）：69-73.

[19] Castro C B，Armario E M，Ruiz D M. The influence of market heterogeneity on the relationship between a destination's image and tourists'future behavior[J]. Tourism Management，2007，28（2）：175-187.

[20] Crompton J L，Ankomah P K. Choice set propositions in destination decisions[J]. Annals of Tourism Research，1993，20（3）：461-476.

[21] Beerli A，Martín J D. Factors influencing destination image[J]. Annals of Tourism Research，2004，31（3）：657-681.

[22] Li X A，Pan B，Zhang L X，et al. The effect of online information search on image development：Insight from a mixed-methods study[J]. Journal of Travel Research，2009，48（1）：45-57.

[23] 黄莎，陈金华，陈秋萍. 基于网络信息嵌入性的旅游目的地形象传导研究[J]. 人文地理，2012，(3)：109-114.

[24] 冯捷蕴. 北京旅游目的地形象的感知——中西方旅游者博客的多维话语分析[J]. 旅游学刊，2011，26（9）：19-28.

[25] 侯国林. 旅游危机：类型、影响机制与管理模型[J]. 南开管理评论，2008，8（1）：78-82.

[26] 李九全. 旅游危机事件与旅游业危机管理[J]. 人文地理，2003，18（6）：36-39.

[27] 王晶晶，陈金华，郑向敏. 网络视域下突发事件对旅游目的地形象的影响过程研究[J]. 中国安全科学学报，2010，2（11）：145-150.

[28] 吴玉如. 新媒体环境下的社会公共危机传播[D]. 武汉：武汉纺织大学，2010.

[29] 薛澜，张强. SARS 事件与中国危机管理体系建设[J]. 清华大学学报（哲学社会科学版），2003，(4)：1-6，18.

[30] Yeh I C，Lien C H，Ting T M，et al. Applications of web mining for marketing of online book stores[J]. Expert Systems with Applications，2009，36（2）：11249-11256.

[31] 李锋. 目的地旅游危机管理：机制、评估与控制[D]. 西安：陕西师范大学，2007.

# 第2章 研究进展

随着旅游日趋网络化和社会化，旅游者进入了一个全新的领域，一场旅游信息分享与传播的革命正在由微博、社交网络、虚拟旅游社区等在线社交媒体掀起。用户生产内容的方式颠覆了信息传播的惯有模式，旅游者供给角色的身份正在取代过去单一被动的接受角色，进一步改变着旅游者接受和交流信息的习惯，任何弱小的景区危机都有可能在网络传播过程中随时触动旅游者的神经，将景区危机不断显化和深化。因此对于景区危机信息在社交媒体网络传播的研究显得十分迫切。涉及本书的相关内容主要包括对于危机（旅游危机、景区危机）、社交媒体的信息传播以及危机信息的网络传播等方面。

## 2.1 旅游危机研究进展

### 2.1.1 国外旅游危机研究

Driver 和 Hermann 首次将危机定义为一种威胁到决策主体最高目标、在情境改观之前的可反应时间有限、发生出乎主体意料的情境状态[1]。Rosenthal 等[2]认为危机是一种对社会系统的基本结构和核心价值规范造成严重威胁，并且在时间压力和不确定性极高的情况下，需要对其做出关键性决赁的事件。Seeger[3]提出一个能够带来高度不确定性的、高度威胁的、特殊的、不可预测的且非常规的事件或一系列事件就可称为危机。Barton[4]认为危机是一种会引起潜在负面影响的具有不确定性的大事件，这种事件及后果可能对组织及员工、产品、服务、资产和声誉造成巨大的损害，并且组织在危机中的形象管理非常必要。

国外学者对旅游危机的研究一直属于旅游安全的研究范畴。目前，国外关于旅游危机的研究集中在犯罪[5]、恐怖主义和战争[6-9]、疾病[10, 11]等社会不安定因素对旅游的影响以及经济危机[12, 13]、自然灾害[14]等不可控因素对旅游的影响。但是从“9·11”事件以后，国外对旅游危机的研究逐渐落脚于战略管理层面，包括旅游风险/危机管理（risk/crisis management）[15-22]、旅游目的地恢复与安全管理[23-25]

等。在研究方法上，较常运用问卷调查[26-28]、访谈等方法。总之，从现有的国外研究来看，其在旅游危机方面的研究多倾向于通过实证案例，从国家、企业、游客三个角度切入，侧重外界不可控因素对于旅游业的影响。

### 2.1.2 国内旅游危机研究

2003 年的 SARS（严重急性呼吸综合征）之后，我国关于危机的概念开始真正深化，自此，旅游危机的相关研究逐渐增多。目前，我国旅游危机研究集中在危机的概念、旅游危机类型、旅游危机管理及机制、特定事件引发的旅游危机影响等方面。

1）*危机及旅游危机的概念研究*

我国学者刘刚将危机定义为一种对组织基本目标的实现构成威胁且要求组织必须在极短的时间内做出关键性决策和紧急回应的突发性事件[29]。朱德武[30]认为，危机是事物由于量变的积累，导致事物内在矛盾的激化，事物即将发生质变和质变已经发生但未稳定的状态，这种质变给组织和个人带来了严重的损害。为阻止质变的发生或减少质变带来的损害，需要在时间紧迫、人财物资源缺乏和信息不充分的情况下，立即进行决策和行动。张成福[31]认为，危机是一种紧急事件或紧急状态，它的出现和爆发严重影响社会的正常运作，对生命、财产、环境等造成威胁、损害，超出政府和社会常态的管理能力，要求政府和社会采取特殊的措施加以应对。王宏伟则分析了危机与突发事件的关系：一种情况是系统内潜藏的危机因素积聚到一定程度可能引爆突发事件，突发事件成为危机开始的标志；另一种情况是突发事件引发一场危机，突发事件是危机开始的诱因，一场危机可能出现多个突发事件，突发事件对危机推波助澜[32]。胡百精则提出危机传播形成的舆论压力是组织在危机中遭遇的最大挑战之一[33]。

旅游业是一个极度敏感产业，任何来自外部和内部的危机事件都极易影响旅游业的未来发展，引发巨大的行业波动。目前对于旅游危机的界定各不相同，世界旅游组织（World Tourism Organization，UNWTO）认为旅游危机是使旅游者对一个目的地的信心产生影响和干扰旅游业正常运营的意外事件[34]，此定义从旅游者的角度对旅游危机进行了界定。亚太旅游协会（Pacific Asia Travel Association，

PATA）将旅游危机定义为具有完全破坏旅游业潜能的自然或人为的灾难。其中既包括对目的地形象的影响远甚于对基础设施影响的洪水、飓风、火灾、火山爆发等事件，又包括对目的地的旅游吸引力产生影响的国内动荡、意外事故、恐怖袭击、犯罪、疾病等事件，甚至还包括汇率剧烈变动等经济影响因素，从危机类型的角度对旅游危机进行了定义。孙根年[35]亦尝试从危机类型角度进行界定，将引发旅游者取消或改变旅游计划，影响旅游业正常经营秩序导致旅游业衰退的现象，称为背景外源型旅游危机；而影响旅游业的发展和企业经营，造成旅游业蒙受巨大损失的短周期事件，则为区域内源型旅游危机。黄蔚艳[36]从旅游者角度进行定义，认为旅游危机事件是指破坏旅游者的旅游体验，给旅游者身心健康带来实际的或潜在的负面影响的非预期性事件。李锋则分别从旅游目的地管理和旅游者两个角度对“旅游危机”进行了定义。从旅游目的地角度来看，旅游危机指旅游目的地受到非预期负面事件影响，致使目的地旅游经济出现一定幅度波动震荡的现象；从旅游者角度看，旅游危机是指给旅游者的身心健康带来实际或潜在影响的突发性事件。这类事件超出了旅游者的容忍限度，破坏了旅游者的旅游体验[37]。旅游景区作为旅游业的主体，在旅游业中举足轻重，危机事件对景区本身和区域旅游业影响重大。旅游景区危机是指任何危及景区经营目标的事情和事件，致使景区处于一种不稳定状态，威胁景区目标的实现[38]。

2）*旅游危机类型研究*

李九全等认为安全性、经济社会性以及物质性是危机事件影响旅游业的三个因素，并按照旅游危机发生的动因、主要成因和影响空间范围对旅游危机事件进行划分[39]。但是他们的划分比较笼统，并没有进行过多的论述。后来的学者对旅游危机的类型进行了更为详细的划分，完善了之前学者的研究。侯国林将影响旅游危机发生的外部因素和内部因素作为切入点，将影响旅游业正常经营的外部因素引发的事件称为背景型旅游危机，而将六大旅游活动过程中给旅游业造成巨大损失的不可预知性事件称为内在型旅游危机，并创建旅游危机管理模型[40]。罗美娟等则从人们对旅游危机的传统认知与掌握程度两个不同的层面入手，将旅游危机的类型划分为传统旅游危机与非传统旅游危机；另外，则按照旅游危机的影响范围与扩散方式将旅游危机划分为地理扩散型旅游危机与类型扩散型旅游危机[41]。司冬歌从影响旅游发展的主要成因出发，将旅游危机划分为自然灾害类危机事件、政治类危机事件、经济类危机事件和社会类危机事件四类[42]。

3）旅游危机管理研究

旅游危机管理研究以规避或减少危机事件对旅游业负面影响为目的。目前国内学者较多从行为主体和旅游危机发生阶段两个方面进行分析，探讨旅游危机管理的策略和机制。旅游危机管理体系涉及多个行为主体，包括政府（主要指政府旅游主管部门）、旅游企业、旅游从业人员、公众（旅游者）等[43]。张婷从相关法律法规和规章制度的保障、旅游危机管理组织体系的设置以及组织体系该承担的具体职能这三个角度来研究和分析旅游危机管理机制的建立，提出政府部门与旅游企业、媒体、非政府组织等社会大众应该承担的职责[44]。刘睿和李星明运用防备–响应–影响（preparedness-response-impact，PRI）模式研究了政府相关部门、游客和旅游企业的响应行为，并从政府、游客和饭店三个主体出发，提出应对危机的策略[45]。乔雄兵和连俊雅[46]、周永博等[47]、冯学钢[48]、程金龙[49]主要从政府角度阐述如何对旅游危机进行管理，并分别从国际旅游消费者保护法、营销手段、形象监管和国民休闲计划等方面强调政府的重视。陈文君从危机事件的防范、处理和总结等方面提出了景区危机管理的对策[38]。叶欣梁等以5A级景区九寨沟为具体案例，分析了6种情景泥石流与树正景群脆弱性关系，预测该情景下潜在人、财和物的损失，在可控风险程度下，提出九寨沟未来防范自然灾害、降低风险的措施和建议[50]。从研究的行为主体来看，政府是学者的主要研究对象，并强调其扮演着“指导监督”的角色。对于除政府之外的其他行为主体探讨较少，尤其是针对企业和游客两个角度的论述。

旅游危机在不同的发展阶段具有不同的特征，相应的应对措施亦有所不同。陈文君主要从危机发生前、发生时、结束后三个阶段提出景区危机管理的策略[38]。尹贻梅等从危机发生的三个阶段来设想旅游危机决策链，从而构建非静态的、有机联系的旅游危机管理战略框架[51]。较多的学者试图从危机恢复角度进行探讨，尤其是旅游目的地形象方面。刘丽等立足于游客对危机事件感知的角度，研究危机事件对旅游目的地形象的映像路径模式以及不同时期旅游目的地形象重塑和危机管理的措施[52]。程励[53]、胡宪洋等[54, 55]亦从旅游者对旅游目的地形象的感知角度探讨了目的地形象修复的不同策略。郭永锐等对涉及旅游社区恢复力研究的国内外研究文献进行了综述[56]。王晶晶等基于网络视域的研究视角，发现突发事件会在网络上引发信息爆炸效应和舆论聚合效应，并依此构建旅游目的地形象的强化过程模型和反馈模型[57]。

4）特定事件引发的旅游危机影响研究

侯国林以 SARS 为例，分析了该事件对中国旅游业造成的影响，并提出 SARS 危机后游客开始向往健康、绿色和个性化的旅游方式，此外，又立足于旅游业本身，提出完善相关旅游政策和制度、旅游行业整合以及旅游企业互助的措施[58]。李峰对比了 1997 年的亚洲金融危机、1998 年的特大洪水和 2003 年的 SARS 疫情对中国旅游业造成的不同影响，发现不同性质的旅游危机事件，对目的地旅游的影响程度不同，在旅游发展的不同阶段造成的影响亦不同[59]。2008 年的冰雪灾害以及汶川地震，又将旅游危机的研究引向一个高潮，关于这一部分的研究集中在自然灾害对旅游的影响及管理[60, 61]、汶川地震之后对四川及周边省份旅游业的影响[62]、灾后的响应机制及重建[63, 64]以及自然灾害对旅游资源的影响[65]。

通过上述分析可知，目前我国旅游危机的研究还停留在传统旅游危机的研究上，更多的是从宏观的角度研究旅游危机，如旅游危机管理机制的研究、旅游目的地形象危机管理的研究等，而对于特定危机事件的研究更多地停滞在对于经济危机、自然灾害等不可控外界因素的研究，但是对于旅游活动过程中产生的旅游危机事件的研究较少涉及。另外，在社会信息化的环境下，任何细小的旅游危机事件都有可能在网络上引起轩然大波，让旅游危机变得比任何时候都敏感，但是关于网络时代旅游危机信息网络传播的研究还比较少。值得一提的是我国学者吕本勋在 2013 年旅游科学年会上提出了网络时代旅游公共事件的概念，即网络时代旅游公共事件泛指与旅游业直接或间接相关的能引起网民关注和讨论的事情，而网络时代狭义的旅游公共事件是指游客在旅游目的地发生的纠纷经网络传播而引起广泛关注和讨论的新闻事件[66]。说明对于网络时代旅游危机事件的发展已经引起了我国学者的关注，但是在社交网络日趋流行的今天，关于旅游危机信息在在线社交媒体的扩散规律研究却还未引起更多研究者的关注。

## 2.2 在线社交媒体研究

互联网的出现，使得信息传播和扩散向更高级别发展，是以往的语言传播时代、文字传播时代以及印刷传播时代可望而不可即的。网络时代的在线信息传播是结合了人际传播、群体传播和大众传播，借助于计算机而进行的信息传递、交流和应用。20 世纪 60 年代出现的社交网络彻底地改变了互联网信息传播的规则和模式。社会网络将现实社会中复杂的人际交往关系复制到网络世界中，将网络信息传播的研究推向了一个高潮[67]。所谓社会网络（social network），是以个人和群体为节点组成的集合，这些节点具有互相接触或彼此作用的模式[68]。它是一种以显示社会关系为基础，重现现实社会的人际关系网络，力求在网络中复制现实中的人际传播，其核心内涵在于从传统的人机对话，逐步转变成人与人之间的对话[69]。

社会网络早期研究主要采用的方法是调查问卷分析法和实验法。哈佛大学心理学教授斯坦利·米尔格拉姆（Stanley Milgram）通过邮件传递实验得到著名的“六度分隔”理论[70]。Dunbar 以对大猩猩的大脑容量和社交网络规模为研究内容，发现社交网络的规模受限于人脑的认知能力，进而推断出人类智力所允许的稳定社交网络规模维持在 150 人左右，即 150 法则[71]。正是上述两个理论，构成了社会网络研究的理论基础。在社会网络理论中，行动者以及这些行动者间的关系所构成的网络结构组成了社会。所谓的行动者既可以是个人也可以是组织，而行动者之间会不断地进行信息和其他资源交流以达到特定目的，在此过程中形成的社会关系网就是所谓的“社会网络”。

### 2.2.1 国外社交媒体研究

国外关于网络信息在社会网络的传播集中在社会网络特征、社会网络信息扩散节点及影响力、社交网络信息扩散模型、社交网络线上与线下的联系以及网络环境下用户的隐私问题等研究。

1）社会网络特征

在社会网络中，信息扩散具有显著的“三度影响力”现象[72]，即信息、行为和情绪的扩散可以延伸到距离信息源二到四度社会距离的个体处。Fabrega 和 Paredes 研究发现“三度影响力”同样在于 Twitter 中，转发的微博与源微博的社会距离绝大多数（超过 90%）在 3 以内[73]。Rodrigues 等则发现 Twitter 用户在转发 URL (uniform resource locator)过程中形成的扩散网络的宽度比高度要大[74]。但不同种类的信息在网上传播的模式并不相同，Rattanaritnont 等发现不同主题 Twitter 中的标签具有不同的级联模式，如政治主题具有更高的级联率和更高的持续性[75]。

Golder 等对 Facebook 数以百万的数据进行分析，研究分析 Facebook 中好友关系及其之间的信息流动网络，发现了许多有价值的规律[76]。Ellison 等同样以 Facebook 数据为研究对象，利用好友关系数据构建他们的现实社会网络，发现在 Facebook 中用户的地位与在现实社会中极其类似[77]。通过对 Flickr 和 Yahoo 的好友关系网络数据进行分析，Kumar 等提出了社交网络用户的三种组织形式，并构建了网络模型来描述真实的网络[78]。Paolillo 研究了世界上最大的视频分享网站 YouTube 的好友关系和视频分享网络，发现 YouTube 用户相比其他社交网站的用户，更加容易按照分享内容进行组织[79]。Lerman 和 Ghosh 以新闻事件为研究对象，分析新闻事件在 Twitter 和 Digg①中的传播，发现社会网络在新闻信息的传播中起到至关重要的作用，在线社交媒体的结构会对信息传播产生影响[80]。

2）社会网络信息扩散节点及影响力

自媒体时代，每个人都是信息源和信息扩散节点[81]，信息通过这些用户节点对外传播和扩散，节点往往决定着危机信息的传播路径、走向和扩散程度。传播学、计算机科学和信息科学领域的学者从各自学科角度对网络信息节点的扩散进行了研究，主要探讨了信息传播中节点之间的关系、节点信息扩散的影响力及测度、影响节点信息扩散的因素等。

DeVoe 发现信息在 Twitter 上表现为一种裂变的传播方式，且传播速度呈几何级[82]。Java 等从网络增长、度分布、用户地域分布等方面对 Twitter 信息传播进行了分析[83]。前期研究表明，社交媒体时代的社会网络本质上属于复杂网络，且具有“小世界、无标度”的特性。Cha 等分析了大量的 Twitter 数据，从用户拥有的粉丝数量、博文的转发数量、被提及的次数等三个方面对网络用户的影响力进行了测度，认为拥有粉丝多的用户较受欢迎[84]。Lee 等基于 Twitter 上信息的发布时间和网络链接结构等两个方面分析了微博的传播机制，并寻找有影响力的节点[85]。Kwak 等进一步研究发现，在 Twitter 中节点连接度最高的是演员、音乐

① Digg 即“掘客”或“顶格”，是由美国人凯文·罗斯于 2004 年 10 月创办的社交网站，是一个文章投票评论站点。

家、政客、体育明星和新闻媒体[86]。Suh 等研究了微博转发量的影响因素，发现用户的粉丝数、微博的关注数量和用户的年龄是影响微博转发量的重要变量，而用户发布微博的数量对微博转发量影响并不显著[87]。

3）社交网络信息扩散模型

在社交网络信息节点扩散传播研究的基础上，利用数学建模、分析及仿真等方法构建了多种信息扩散模型。其中谣言传播模型最为经典，谣言往往指没有相应事实基础，被捏造出来并通过一定手段推动传播的言论。不同的谣言可能具有不同的接受率，对于具有不同接受率的两种谣言节点间传播的情形，Trpevski 等提出了相应的传播模型[88]。Roshani 和 Naimi 对 Orkut①与 Twitter 的研究发现，谣言在社交网络中比在大部分其他网络拓扑中传播得更快，甚至快于完全图中的传播，而且相对完全图和随机依附，新闻在现实网络和优先依附网络中传播得更快[89]。研究发现在社交网络中扩散的某些信息具有一定的竞争性，对信息扩散不同的传播之间竞争和合作的研究中，Kocsis 和 Kun 提出了信息通道的竞争模型，模型中个体通过生产者的广告活动得知新的创新和优势，之后个人之间信息传递、外部广告驱动力的强度、个体之间的耦合以及社会接触的拓扑均会对模型产生影响[90]。

4）社交网络线上与线下的联系

Lenhart 和 Madden 的研究发现 91%的美国少年倾向于用社交网络与他们现实生活中的朋友保持联系[91]。通过对韩国社交网站 Cyworld 的调查分析，Choi 发现多数的用户借助于在线社交媒体来保持和加强已经存在的现实社会网络[92]。

5）网络环境下用户的隐私问题

社交网络发展将人际关系在网络中进行不断显化的同时，隐私问题不可避免地成为网络化的争论焦点，引起学者的关注。Gross 和 Acquisti 通过对 4000 名 Facebook 用户数据进行研究与分析，列出了在线社交媒体对用户隐私侵犯的各种潜在威胁[93]。Jagatic 等利用在线社交网站的公开数据，设计了一个“钓鱼”网站

① Orkut 是一种社交网络服务，在 Orkut 用户可以留下他们的个人或专业信息，创建与朋友之间的关系或者因为共有的兴趣爱好加入虚拟社团。

来检测用户在社交网络的隐私状况，结果发现目标对象在在线社交媒体上很容易泄露个人资料[94]。

### 2.2.2 国内社交媒体研究

国内关于网络信息的传播的研究集中在在线社交媒体信息传播模型或者模式以及扩散动力机制等方面。特别是近年来，学者发现信息在互联网络中的级联传播过程与疾病在人群中的扩散过程具有很强的相似性。基于此，张彦超等在借鉴传染病模型的基础上，将社交网络节点分为传播节点、未感染节点和免疫节点，并在考虑节点度的条件下构建了在线社交媒体信息传播模型[95]。在参考传染病模型中的SEIR（susceptible，exposed，infected recovered）模型的基础上，顾亦然和夏玲玲构建了一个新的在线社交媒体谣言传播 SEIR 模型，并针对此模型讨论抵制在线社交媒体谣言的策略[96]。史亚光和袁毅提出了基于社交网络的信息传播模式，并对信息传受双方等要素进行详细的论述，有助于认识社交网络环境下的信息传播过程，但是仍然存在模式结构不清楚、缺少对传播环境的整体分析等问题[97]。孙鑫和刘衍珩通过量化影响用户行为的若干因素提出了微观节点上的基于用户安全意识的行为博弈模型以及通过分析网络用户活动的习惯特性构建了宏观网络上离散的基于用户习惯的社交网络访问模型，从而实现了一个适用于社交网络蠕虫传播研究的仿真系统，实验分析了模型中用户相关因素对蠕虫传播的影响，为社交网络蠕虫相关研究提供了重要支持[98]。王伟等则从公共危机的复杂特性出发，探讨了危机传播流的构成和影响公共危机演化的动态因素，构建了公共危机演化的信息动力模型，并对模型的功能进行了分析，针对影响危机演化动力机制，提出了危机管理的对策[99]。邓忆瑞等在网络空间信息扩散内涵和系统构成的基础上，将信息扩散的动力分为内源动力、外源动力和阻力，并借鉴网络维力理论的核心思想对信源信息的传播机制进行了论述，从而构建网络空间信息扩散的动力模型。在此基础上，对内外动力的关联机理进行诠释，对网络空间信息扩散的形成与发展进行进一步的探讨[100]。

此外，微博一直是国内学者研究的热点之一，通过对微博相关数据的研究，探究网络信息在线社交媒体的特点和规律。张彦超等认为传统的网络是以信息为主体的，而在线社交媒体则是以人为主的[95]。郭海霞以新浪微博为研究对象，论述了社交网络信息的传播方式、传播行为、传播路径和传播特点，并在大量实例的论证下，提出关于社交网络平台中信息传播的主要模型和特点[101]。于洪和杨显运用统计法，发现微博信息发布后其传播速率呈现出短时间内微博的转发/评论数会达到峰值的普遍规律[102]。肖宇通过分析节点信息传播影响力，研究核心用户对网络舆论形成的推动作用，认为核心用户的移除可以使得网络迅速瓦解和瘫痪，并提出如何更为有效地对舆论进行引导[103]。季丹和郭政探讨了信息传播能力、网络位置、与受众的关系程度等影响意见领袖在危机信息传播中发挥作用的关键因素与危机信息传播效果之间的关系[104]。路紫等以 SNS 交友社区的微博使用者为对象，基于图论方法和节点的度数中心度、度数中心势等指标，探讨了 SNS 社区中人际节点空间中心性特征[105]，苑卫国和刘云、潘彦宁、唐飞龙从网络节点中心性与网络结构角度测算了微博节点的影响力[106-108]。郑雅真首次将节点概念应用到信息在微博的传播中，根据节点的特点，将其划分为“核心节点、桥节点、长尾节点”[109]。核心节点和桥节点在危机信息在线社交媒体扩散的过程中起着核心作用，分别对微博中信息的生产者、信息的扩散者进行分析，认为他们在危机信息微博扩散中具有至关重要的作用。

从上述分析可知，前人的研究成果对认识信息在社交网络中的传播规律有很大帮助。但是国内外的社会网络研究都更注重社会网络结构以及社交网络信息传播模式和特点，而以社交网络为核心来研究社交网络信息时空规律和节点传播模式较少涉及。

## 2.3 危机信息的网络传播研究

随着互联网的普及，网络危机传播的现象越来越普遍。网络危机涵盖在危机概念之下，是危机在网络上酝酿产生或通过网络传播使危机事件的负面影响进一步加大的情况，是网络媒介技术发展的必然结果[110]。Porter 等指出网民这个利益群体不应该被忽视，应该将互联网纳入危机沟通中，显而易见互联网在危机传播的过程中起着举足轻重的作用。一方面，网络成为危机传播中必不可少的重要媒介；另一方面，网络是某些危机的第一来源或主要传播者，如网络谣言[111]。Zanette 基于小世界网络构建网络谣言传播模型，通过实验得出在小世界网络中存在谣言传播的临界值[112]。2004 年，Moreno 和 Zanette 在无标度网络上又建立了谣言传播模型。同时，在国外学者工作的基础上，我国学者也开始涉及网络危机信息传播的研究。潘灶烽等在 Moreno 和 Zenette 的谣言传播模型的基础上，研究了服从幂律度分布、同时聚类系数可变的无标度网络上的谣言传播行为，并通过实验进一步地观察谣言传播的变化情况，得出网络的聚类系数值越高，谣言就越难以在网络中进行传播[113]。

近年来旅游目的地危机事件在社交媒体中不断放大，对旅游目的地形象产生不利影响。在线危机信息传播具有匿名性、难以预测性、难控制性、突发性、破坏性强等特征[114]，如果不研究其扩散规律并进行控制，将给景区造成巨大影响。目前，危机信息的研究集中在信息学、传播学等领域，从传播学的视角，其主要研究内容包括信息传播效果及影响因素[115, 116]、信息传播规律及动力机制[117, 118]、危机信息传播模式、危机信息空间扩散模式等方面。

具体关于网络危机信息的传播模式的研究如下。钱珺以系列危机事件中的典型表现为切入点，探讨新媒体在危机传播中“双刃剑”角色，并针对其正负效应提出了新媒体危机传播的应对策略[119]。任媛媛认为应该将手机、博客等新的传播手段与传统媒体相结合纳入网络危机传播模式的构建中，最大化地发挥各类新媒体的舆论导向和控制作用，高效地化解和处理危机，与传统媒体时代的危机传播模式相比，网络危机传播模式的信息来源不再限于政府，而是加入了政府、媒介与公众之间的交互，是一个双向的信息流动过程[120]。范银平等基于小世界理论(“六度分隔”理论)，借助小世界模型的技术工具，分析了危机信息在微博传播过程中的动态演化机制，找出影响信息传播的关键因素，并提出相应的对策以达到反馈调节的效果[121]。王昌伟试图用多种方法综合来研究网络危机信息的传播规律，如案例分析法、社会网络分析法和复杂系统仿真，分析网络危机信息传播中各个因素的影响程度[122]。吴玉如比较了传统媒体和新媒体在公共危机传播的应用，分析了公共危机下新媒体的传播模式图，探讨在新媒体环境下不同的危机传播主体在传播中的作用[123]。蔡哲侧重分析了新媒体危机传播模式，探讨构成新媒体全交互危机传播模式的要素以及模式的运行[124]。谢耘耕和荣婷通过对 2011～2012 年影响比较大的 30 起公共危机事件进行分析，探讨了公共危机事件在微博平台传播中的关键节点，分析了主要影响因素[125]。

关于危机信息空间扩散模式的研究如下。Kamath 等对含有地理标记的微博进行了分析，分析了位置、时间和距离对标签采纳的影响并进一步探讨了 Twitter 标签的时空动力机制[126]。Rodrigues 等分析了 Twitter 中内容生产者与消费者之间的地理邻近性，发现内容传播概率与用户间的位置邻近性存在显著的相关性[74]。潘昕颖以 2013 年发生的“凤凰古城收费事件”在微博中的扩散情况为研究对象，探讨了该微博事件在地理空间的节点扩散现象[127]。杜玮璐以新浪微博“4 • 20 雅安地震”事件为例，分析了微博信息流扩散的时空特征研究，发现全国各城市的信息流扩散能力呈现出不同的等级差异性[128]。于静和李君轶探讨了微博营销信息的时空扩散模式，发现微博营销信息在扩散初期有明显的距离衰减现象，但是从扩散中期开始逐渐呈现明显的地区差异[129]。王波等基于新浪微博用户关系探讨了新型网络信息空间的地理特征及表现形式，认为网络信息空间中的地域根植性仍然存在，而网络信息联系强度与社会经济发展水平相对一致，并且网络信息空间存在等级差异性[130]。孙中伟等在研究新浪和网易新闻评论者的时空分布特征与规律时，认为网民数量、GDP 和城镇人口是影响其省级行政区分布的重要因素[131]。

## 2.4 小　　结

通过对学者相关研究的梳理和分析可知，无论是旅游危机研究、在线社交媒体研究还是网络危机信息传播的研究，国内外学者的研究均涉及多个方面，且已经取得了丰硕的成果。旅游危机传播作为危机传播的特殊模式，其传播环境感受着新媒体发展所带来的激变。然而，相对网络信息技术的发展，我国旅游危机的理论研究还稍显滞后，而围绕着新媒体环境下，旅游危机扩散所引发的各种问题亟待解决。目前我国将旅游危机信息与网络信息传播两者融合起来的研究还少有人涉及，特别在多种社交网络大行其道的今天，旅游危机在网络上扩散弱化了时空的概念，将旅游危机信息扩散的概率明显提高，但是目前对于旅游危机信息在线社交媒体扩散的时间和空间规律却没有一个准确的把握，因此，这也是本书的主要目的，试图通过在线社交媒体来研究旅游危机信息在网络上扩散的时空规律以及传播模式。

## 参考文献

[1] Driver M J，Hermann C F. Crises in foreign policy：A simulation analysis[J]. American Political Science Association，1970，64（3）：913.

[2] Rosenthal U，Boin A，Comfort L K. Managing Crises：Threats，Dilemmas，Opportunities[M]. Illinois Springfield：

Charles C Thomas. Publisher. LTD，2001.

[3] Seeger M W. Communication，Organization and Crisis[M]. London：Routledge，1998：230-275.

[4] Barton L. Crisis in Organization[M]. Cincinnati：Southwestern Publishing Company，1993：38.

[5] Mcpheter L R，Stronge W B. Crime as an environmental externality of Tourism-Miami-Florida[J]. Land Economics，1974，50（3）：288-292.

[6] Sönmez S F，Apostolopoulos Y，Tarlow P. Tourism in crisis：Managing the effects of terrorism[J]. Journal of Travel Research，1999，38（1）：13-18.

[7] Blake A，Sinclair M T. Tourism crisis management：US response to September 11[J]. Annals of Tourism Research，2003，30（4）：813-832.

[8] Mansfeld Y. Cycles of war，terror，and peace：Determinants and management of crisis and recovery of the Israeli tourism industry[J]. Journal of Travel Research，1999，38（1）：30-36.

[9] Hitchcock M，Putra I N D. The Bali bombings：Tourism crisis management and conflict avoidance[J]. Current Issues in Tourism，2005，8（1）：62-76.

[10] Baxter E，Bowen D. Anatomy of tourism crisis：Explaining the effects on tourism of the UK foot and mouth disease epidemics of 1967-68 and 2001 with special reference to media portrayal[J]. International Journal of Tourism Research，2004，6（4）：263-273.

[11] Kuto B，Groves J. The effects of terrorism：Evaluating Kenyas tourism crisis[J]. E-review of Tourism Research，2004，2（4）：88-95.

[12] Sausmarez C. Malaysia's response on the asia financial crisis：Implications for tourism and sectoral crisis management[J]. Journal of Travel&Tourism Marketing，2003，15（4）：25-29.

[13] Barry M. Effect of the US embargo and economic decline on health in Cuba[J]. Annals of Tourism Research，2000，132（2）：151-154.

[14] Hystad P W，Keller P C. Towards a destination tourism disaster management framework：Long-term lessons from a forest fire disaster[J]. Tourism Management，2008，29（1）：151-162.

[15] Ritchie B W. Chaos，crises and disasters：A strategic approach to crisis management in the tourism industry[J]. Tourism Management，2004，25（6）：669-683.

[16] Santana G. Crisis management and tourism：Beyond the rhetoric[J]. Journal of Travel & Tourism Marketing，2004，15（4）：299-321.

[17] Blackman D，Ritchie B W. Tourism crisis management and organizational learning：The role of reflection in developing effective DMO crisis strategies[J]. Journal of Travel & Tourism Marketing，2008，23（2-4）：45-57.

[18] Pforr C，Hosie P J. Crisis management in tourism：Preparing for recovery[J]. Journal of Travel & Tourism Marketing，2008，23（2-4）：249-264.

[19] Kennedy V. Risk management in the Irish tourism industry：The contribution of a portfolio investment approach[J]. Tourism Management，1998，19（2）：119-126.

[20] Poirier R A. Political risk analysis and tourism[J]. Annals of Tourism Research，1997，24（3）：675-686.

[21] Sharpley R. Security and risks in travel and tourism[J]. Tourism Management，1995，16（7）：548-549.

[22] Wilks J，Davis R J. Risk management for scuba diving operators on Australia's Great Barrier Reef[J]. Tourism Management，2000，21（6）：591-599.

[23] Beirman D，Dwyer L，Sheldon P J. BEST Education Network Think Tank V keynote address："marketing tourism destinations from crisis to recovery" [C]//Managing Risk and Crisis for Sustainable Tourism. Papers presented at the Business Enterprises for Sustainable Travel（BEST）Educators Network Think Tank V，Kingston，Jamaica，16-19 June 2005. Cognizant Communication Corporation，2006，10（1/2）：7-16.

[24] Scott N，Laws E，Prideaux B. Tourism crises and marketing recovery strategies[J]. Journal of Travel & Tourism Marketing，2008，23（2-4）：1-13.

[25] Cavlek N. Tourism operators and destination safety[J]. Annals of Tourism Research，2002，29（2）：478-496.

[26] Fuchs G，Uriely N，Reichel A，et al. Vacationing in a terror-stricken destination tourists'risk perceptions and rationalizations[J]. Journal of Travel Research，2013，1777（2）：182-191.

[27] Larsen S，Brun W，Gaard T，et al. Subjective food-risk judgements in tourists[J]. Tourism Management，2007，28（6）：1555-1559.

[28] Paraskevas A，Altinay L，McLean J，et al. Crisis knowledge in tourism：Types，flows and government[J]. Annals of Tourism Research，2013，41：130-152.

[29] 刘刚. 危机管理[M]. 北京：中国经济出版社，2004：3.

[30] 朱德武. 危机管理：面对突发事件的抉择[M]. 广州：广东经济出版社，2002.

[31] 张成福. 公共危机管理：全面整合的模式与中国的战略选择[J]. 中国行政管理，2003，(7)：5-10.

[32] 王宏伟. 重大突发事件应急机制研究[M]. 北京：中国人民大学出版社，2010.

[33] 胡百精. 危机传播管理[M]. 北京：中国传媒大学出版社，2005：7-8.

[34] World Tourism Organization. Crisis Guidelines for the Tourism Industry[EB/OL]. [2013-06-18]. http: //www.docin.com/p-667436248.html.

[35] 孙根年. 论旅游危机的生命周期与后评价研究[J]. 人文地理，2008，23（1）：7-12.

[36] 黄蔚艳. 海洋旅游者危机认知实证研究——以舟山市旅游者为个案[J]. 经济地理，2010，30（5）：865-870.

[37] 李锋. 目的地旅游危机管理：机制、评估与控制[D]. 西安：陕西师范大学，2007.

[38] 陈文君. 我国旅游景区的主要危机及危机管理初探[J]. 旅游学刊，2005，6：65-70.

[39] 李九全，李开宇，张艳芳. 旅游危机事件与旅游业危机管理[J] .人文地理，2003，18（6）：36-39.

[40] 侯国林. 旅游危机：类型、影响机制与管理模型[J]. 南开管理评论，2008，8（1）：78-82.

[41] 罗美娟，郑向敏，沈慧娴. 解读旅游危机的类型与特征[J]. 昆明大学学报，2008，19（2）：59-63.

[42] 司冬歌. 危机事件对旅游业的影响机制研究[D]. 开封：河南大学，2010.

[43] 周娟，马勇. 旅游危机管理系统机制分析与战略对策研究——以长江三峡旅游发展为例[J]. 桂林旅游高等专科学校学报，2005，(1)：20-27.

[44] 张婷. 旅游危机管理机制研究[D]. 上海：复旦大学，2008.

[45] 刘睿，李星明. 四川旅游震后响应的实证研究[J]. 旅游学刊，2009，24（11）：25-29.

[46] 乔雄兵，连俊雅. 试论紧急情况下国际旅游消费者的法律保护[J]. 旅游学刊，2015，30（1）：92-101.
[47] 周永博，沙润，田逢军. 金融危机背景下政府旅游营销研究[J]. 旅游学刊，2009，24（9）：28-35.
[48] 冯学钢. 国民休闲计划与旅游弹性消费——基于旅游应对危机的政策选择[J]. 旅游科学，2010，24（1）：25-35.
[49] 程金龙. 城市旅游形象的监控与管理研究[J]. 旅游科学，2006，20（5）：13-19.
[50] 叶欣梁，温家洪，邓贵平. 基于多情景的景区自然灾害风险评价方法研究——以九寨沟树正寨为例[J]. 旅游学刊，2014，29（7）：47-57.
[51] 尹贻梅，陆玉麒，邓祖涛. 旅游危机管理：构建目的地层面的动态框架[J]. 旅游科学，2005，19（4）：71-77.
[52] 刘丽，陆林，陈浩. 基于目的地形象理论的旅游危机管理[J]. 旅游学刊，2009，24（10）：26-31.
[53] 程励. 非常规突发事件影响下遗产旅游研究的“后危机”聚焦[J]. 旅游学刊，2012，27（6）：3-4.
[54] 胡宪洋，白凯. 旅游目的地形象修复方式量表探讨：中外游客整合对比的视角[J]. 旅游学刊，2013，28（9）：73-83.
[55] 胡宪洋，白凯，汪丽. 旅游目的地形象修复策略：关联游客行为意图的量表开发与检验[J]. 人文地理，2013，（5）：139-146.
[56] 郭永锐，张捷，张玉玲. 旅游社区恢复力研究：源起、现状与展望[J]. 旅游学刊，2015，30（5）：85-96.
[57] 王晶晶，陈金华，郑向敏. 网络视域下突发事件对旅游目的地形象的影响过程研究[J]. 中国安全科学学报，2010，2（11）：145-150.
[58] 侯国林. SARS 型旅游业危机及危机后旅游业发展新思维[J]. 南京师范大学学报，2004，27（3）：97-100.
[59] 李峰. 三次突发事件对中国旅游影响的对比分析研究[J]. 灾害学，2009，24（2）：95-100.
[60] 李权阳. 突发性自然旅游灾害的影响及其管理研究——以 2008 年冰雪灾害为例[D]. 长沙：湖南师范大学，2010.
[61] 勾佳. 突发性自然灾害对目的地旅游业的影响研究[D]. 重庆：重庆师范大学，2012.
[62] 马丽君，孙根年，王宏丹，等. 汶川地震对四川及周边省区旅游业的影响[J]. 中国人口·资源与环境，2010，20（3）：168-174.
[63] 王丽华，俞金国. 重大地震灾后旅游业重建国际经验及借鉴[J]. 绵阳师范学院学报，2009，28（10）：10-13.
[64] 舒代宁. 汶川地震灾后旅游重建思考[J]. 乐山师范学院学报，2009，24（4）：82-90.
[65] 韩明玉. 自然灾害对旅游资源影响因素分析——以四川汶川地震事件为例[J]. 边疆经济与文化，2009，（3）：14-15.
[66] 吕本勋. 网络时代旅游公共事件的传播与管理[C]//2013 中国旅游科学年会论文集.
[67] 张瑞.“校园 SNS”火爆的学理思考[J]. 传媒观察，2007，（2）：53-59.
[68] Wasserman S. Social Network Analysis：Methods and Applications[M]. Cambridge：Cambridge University Press，1994：45.
[69] 能向群. SNS 网络人际传播的现实化回归[J]. 河北大学学报（哲学社会科学版），2006，31（2）：136-137.
[70] Milgram S. The small world problem[J]. Psychology Today，1967，2（1）：60-67.
[71] Dunbar R I M. Coevolution of neocortical size，group size and language in humans[J]. Behavioral and Brain Sciences，1993，16（4）：681-693.

[72] 许小可，胡海波，张伦，等. 社交网络上的计算传播学[M]. 北京：高等教育出版社，2015.

[73] Fabrega J，Paredes P. Social contagion and cascade behaviors on twitter[J]. Information，2013，4（4）：171-181.

[74] Rodrigues T，Benevenuto F，Cha M，et al. On word-of-mouth based discovery of the Web[C]. Proceeding of the 2011 ACM SIGCOMM Conference on Internet Measurement Conference. New York：ACM Press，2011：381-396.

[75] Rattanaritnont G，Toyoda M，Kitsuregawa M. Analyzing patterns of information cascades based on users' influence and posting behaviors[J]. Journal of Physiology，2012，301（301）：243-259.

[76] Golder S A，Wilkinson D M，Huberman B A. Rhythms of Social Interaction：Messaging within a Massive Online Network[M]//Communities and Technologies 2007. London：Springer，2007：41-66.

[77] Ellison N B，Steinfield C，Lampe C. The benefits of Facebook friends：Social capital and college students use of online social network sites[J]. Journal of Computer Mediated Communication，2007，12（4）：1143-1168.

[78] Kumar R，Novak J，Tomkins A. Structure and Evolution of Online Social Networks[M]//Link Mining：Models，Algorithms，and Applications. New York：Springer，2010：337-357.

[79] Paolillo J C. Structure and network in the YouTube core[C]. Hawaii International Conference on System Sciences，Proceedings of the 41st Annual. Washington D C：IEEE Computer Society Press，2008：156.

[80] Lerman K，Ghosh R. Information contagion：An empirical study of the spread of news on Digg and Twitter social networks[J]. Computer Science，2010，52：166-176.

[81] 杨敏，庞璐. 景区危机信息微博扩散的关键节点分析——以 2012 年国庆华山事件为例[J]. 资源开发与市场，2016，32（8）：1005-1009.

[82] DeVoe K M. Bursts of Information：Microblogging[J]. Reference Librarian，2009，50（2）：212-214.

[83] Java A，Song X，Finin T，et al. Why we twitter：Understanding microblogging usage and communities[C]. Proceedings of the 9th WebKDD and 1st SNA-KDD 2007 workshop on Web mining and social network analysis. New York：ACM Press，2007：56-65.

[84] Cha M，Haddadi H，Benevenuto F，et al. Measuring user influence in twitter：The million follower fallacy[C]//International Conference on Weblogs and Social Media，Icwsm 2010. Washington D C，2010.

[85] Lee C，Kwak H，Park H，et al. Finding influentials based on the temporal order of information adoption in twitter [C]//International Conference on World Wide Web. New York：ACM Press，2010：1137-1138.

[86] Kwak H，Lee C，Park H，et al. What is Twitter，a social network or a news media？[C]. International Conference on World Wide Web. New York：ACM Press，2010：591-600.

[87] Suh B，Hong L，Pirolli P，et al. Want to be retweeted？Large scale analytics on factors impacting retweet in twitter network[C]//IEEE Second International Conference on Social Computing，Socialcom/IEEE International Conference on Privacy，Security，Risk and Trust，Passat 2010. Minneapolis：IEEE Computer Society Press，2010：177-184.

[88] Trpevski D，Tang W K，Kocarev L. Model for rumor spreading over networks[J]. Physical Review E，2010，81（5 Pt 2）：703-708.

[89] Roshani F，Naimi Y. Effects of degree-biased transmission rate and nonlinear infectivity on rumor spreading in complex social networks[J]. Physical Review E，2012，85（3 Pt 2）：36109.

[90] Kocsis G，Kun F. Competition of information channels in the spreading of innovations[J]. Physical Review E，2011，84（2 Pt 2）：26111.

[91] Lenhart A，Madden M. Teens，privacy and online social networks：How Teens Manage Their Online Identities and Personal Information in the Age of MySpace[EB/OL]. [2007-04-18]. http: //www.pewtrusts.org/en/research-and-analysis/reports/2007/04/18/teens-privacy-and-online-social-networks-how-teens-manage-their-online-identities-and-personal-information-in-the-age-of-myspace.

[92] Choi J H. Living in cyworld：Contextualising cy-ties in South Korea[J]. Uses of Blogs，2006：173-186.

[93] Gross R，Acquisti A. Information revelation and privacy in online social networks[C]. Proceeding WPES'05 Proceedings of the 2005 ACM Workshop on Privacy in the Electronic Society. New York：ACM Press，2005：71-80.

[94] Jagatic T N，Johnson N A，Jakobsson M. Social phishing[J]. Communications of the ACM，2007，50（10）：94-100.

[95] 张彦超，刘云，张海峰，等. 基于在线社交媒体的信息传播模型[J]. 物理学报，2011，60（5）：1-7.

[96] 顾亦然，夏玲玲. 在线社交媒体中谣言的传播与抑制[J]. 物理学报，2012，61（23）：1-6.

[97] 史亚光，袁毅. 基于社交网络的信息传播模式探微[J]. 图书馆论坛，2009，29（6）：220-223.

[98] 孙鑫，刘衍珩. 社交网络蠕虫仿真建模研究[J]. 计算机学报，2011，34（7）：1252-1261.

[99] 王伟，靖继鹏，魏仲航. 基于复杂特性分析的危机信息流及其动力机制研究[J]. 情报杂志，2007，26（10）：105-106，110.

[100] 邓忆瑞，徐小峰，赵金楼. 网络环境下信息扩散的动力机制研究[J]. 情报杂志，2008，27（4）：61-63.

[101] 郭海霞. 新型社交网络信息传播特点和模型分析[J]. 现代情报，2012，32（1）：56-59.

[102] 于洪，杨显. 基于统计分析的微博信息传播规律研究[J]. 数字通信，2013，40（2）：6-10.

[103] 肖宇. 校园网络信息传播特性与用户影响力研究[D]. 武汉：华中科技大学，2012.

[104] 季丹，郭政. 网络意见领袖对危机信息传播效果的影响因素研究[J]. 情报杂志，2015，34（2）：22-27.

[105] 路紫，张秋娈，邢晨宇，等. 基于图论的 SNS 社区中人际节点空间关系的中心性研究——以新浪微博为例[J]. 经济地理，2013，33（12）：77-83.

[106] 苑卫国，刘云. 微博双向“关注”网络节点中心性及传播影响力的分析[J]. 物理学报，2013，62（3）：502-511.

[107] 潘彦宁. 微博节点影响力研究[D]. 保定：河北大学，2013.

[108] 唐飞龙. 微博社区的用户节点影响力评估[D]. 湘潭：湘潭大学，2013.

[109] 郑雅真. 新浪微博的发展研究[D]. 北京：北京交通大学，2010.

[110] 李政. 网络危机传播研究综述[J]. 科技传播，2010，（6）：8-9.

[111] Porter L V，Sailor L，Cameron G，et al. New technologies and public relations：Practitioner use of online resources to earn a seat at the management table[J]. Journalism and Mass Communication Quarterly，2001，78：172-191.

[112] Zanette D H. Dynamics of rumor propagation on small-world networks[J]. Physical Review E，2002，65（4）：41908.

[113] 潘灶烽，汪小帆，李翔. 可变聚类系数无标度网络上的谣言传播仿真研究[J]. 系统仿真学报，2006，18（8）：2346-2348.

[114] 张继兰，金镇. Web2.0 环境下危机信息传播研究[J]. 图书馆学研究，2010，（10）：78-81.

[115] 丁时杰. 基于移动互联网的危机信息人际传播模型研究[D]. 北京：北京邮电大学，2011.

[116] 袁华，陈国青. 电子邮件病毒传播仿真模型及影响因素模拟[J]. 计算机工程与设计，2006，27（11）：914-1960.

[117] 张乐. 机信息传播的社会网络结构和传播动力学研究[D]. 合肥：中国科学技术大学，2009.

[118] 任福兵. 网络危机信息传播的基本规律分析[J]. 情报理论与实践，2014，37（4）：42-47，31.

[119] 钱珺. 危机传播中的新媒体研究[D]. 南京：南京师范大学，2007.

[120] 任媛媛. 网络时代危机传播模式的重构与应用[D]. 济南：山东大学，2008.

[121] 范银平，孙琳，毛刚，等. 基于小世界理论的危机信息微博传播研究[J]. 情报科学，2013，31（12）：47-50.

[122] 王昌伟. 网络危机信息传播机理与仿真研究[D]. 哈尔滨：哈尔滨工程大学，2012.

[123] 吴玉如. 新媒体环境下的社会公共危机传播[D]. 武汉：武汉纺织大学，2010.

[124] 蔡哲. 新媒体全交互危机传播模式构建研究[D]. 长沙：湖南大学，2010.

[125] 谢耘耕，荣婷. 微博传播的关键节点及其影响因素分析——基于 30 起重大舆情事件微博热帖的实证研究[J]. 新闻与传播研究，2013，（3）：5-15，126.

[126] Kamath K Y，Caverlee J，Lee K，et al. Spatio-temporal dynamics of online memes：A Study of geo-tagged tweets[C]. Proceedings of the 22nd International Conference on World Wide Wed. New York：ACM Press，2013：667-678.

[127] 潘昕颖. 基于微博舆情事件的节点地理扩散[D]. 石家庄：河北师范大学，2014.

[128] 杜玮璐. 微博信息流扩散的时空特征研究——以新浪微博“4·20 雅安地震”事件为例[D]. 石家庄：河北师范大学，2014.

[129] 于静，李君轶. 微博营销信息的时空扩散模式研究——以曲江文旅为例[J]. 经济地理，2013，33（9）：6-12.

[130] 王波，甄峰，席广亮，等. 基于微博用户关系的网络信息地理研究——以新浪微博为例[J]. 地理研究，2013，32（2）：380-391.

[131] 孙中伟，任晓莹，王伟娇，等. 不同综合门户网站首页新闻评论者的时空分布对比[J]. 世界地理研究，2015，24（1）：168-176.

# 第 3 章　理论基础与研究框架

信息扩散，尤其是信息的时空扩散是一个多学科交叉研究的课题，景区危机信息的扩散涉及信息科学、地理学和传播学等学科，主要涉及的理论有计算传播学理论、双向交互理论以及“意见领袖”理论等。

## 3.1　理论基础

### 3.1.1　计算传播学理论

计算传播学是计算社会科学的重要分支，计算传播学的分析基础在于人类传播行为的可计算性，以传播网络、传播文本挖掘、数据科学等为主要分析工具，（以非介入的方式）大规模地收集并分析人类传播行为数据，挖掘人类传播行为背后的模式和法则，分析模式背后的生成机制与基本原理[1]。人类传播行为本身的丰富性和复杂性为计算传播学研究提出了重要挑战。其具体包括信息传播的多维度测量、影响信息传播的可计算因素分析、节点传播能力的测量、信息扩散模型等研究内容。

1）信息传播的多维度测量

基于社交网络数据刻画信息扩散的特征是理解人类传播行为的重要方法，而信息扩散的特征可以从多个维度进行测量，这也是计算传播学中最基本的问题。其中最简单的信息扩散规模的数学分布具有明显的“长尾”特征，即少数信息的扩散规模特别大，而多数信息的扩散规模有限。在时间维度上，信息的传播一般需要三个连续的过程[2]，即网络传播时间、观察时间和反应时间。少数几个实时主题就能吸引足够多的注意力，并变成一种趋势，其中用户对信息主题的共鸣在引发趋势中具有重要作用。引发趋势的内容大多数来自于传统媒体的信息源，通过 Twitter 的转发被放大而形成趋势[3]。表现在信息的持续性上，正面积极类的 Twitter 微博内容相对于负面消极类内容衰减得更慢，且具有周期性的多重注意力峰值，而负面类的则只有一个峰值，且之后快速衰减[4]。在空间维度上，信息传播概率与用户间的位置邻近性存在显著的相关性[5]。尤其是 Twitter 中的信息扩散具有空间本地性：大多数的标签在小的地理范围内快速扩散，且标签的扩散服从“喷雾和扩散”模式，即初时少数几个位置“声援”一个标签使它变得流行，然后把它传播到其他位置[6]。

2）影响信息传播的可计算因素分析

在线社交网络中每时每刻都有大量的消息在传播，发布或传播信息的用户各不相同，且信息内容千差万别。因此在定量化研究在线社交网络信息传播时，需要考虑多方面的影响因素，如信息传播所依托的社交网络结构特征、信息本身的属性、信息传播者即用户的属性等方面。

在社交网络结构影响信息传播研究上，其可计算因素包括网络连通性、度相关性、空间结构、Hub 节点和小世界特性等。不同社会化媒体的社交功能和用户界面设计各有特点，其相应的社交网络结构的连通性也存在定量上的显著差异，此种结构性差异显著影响着信息传播的效果。Lerman 和 Ghosh 通过对 Digg 与 Twitter 两个典型社交网站中新闻消息传播的对比研究发现，Digg 网络活跃用户之间高度互联、密度大，但不活跃用户连通性较差；Twitter 社交网络活跃用户之间的网络密度相对稀疏、连通性较差[7]。这表明 Digg 和 Twitter 两个社交网络由于网络结构上的连通性不同，信息传播速度和扩散规模具有明显的差异。度相关性同样影响信息传播速度和扩散规模，研究发现度值较大的节点在信息传播中所扮演的角色和它们在网络中的位置显著影响着信息传播的速度[8]。移动互联时代，随着智能手机等移动终端设备的普及，社交网络中用户的空间信息变得越来越重要。事实上，用户所在的地理空间位置也影响社交网络上的信息扩散，同样，用户好友的空间位置也会在很大程度上影响信息将要扩散到的区域，因此社交网络中信息传播的空间结构对实践应用也变得越来越重要。

除了社交网络结构，用户及其所传播的信息属性同样影响着社交网络中的信息传播。信息属性指信息所包含的主题类型、信息中所蕴含的情绪等。以 Twitter 和微博为例，不同主题类型信息的传播机制存在明显的差异[9]。例如，明星绯闻类的信息永远都是热门话题，传播速度快，多数用户愿意参与讨论并扩散，而宗教类则相对小众；政治类和体育类的持续性较高，而习语类和音乐类的则较低。另外，社交网络中用户的好友数、粉丝数、活跃度及用户被推送信息的次数等均在不同程度上影响着信息的在线扩散。从用户的属性角度来看，具体包括用户的活动性、消息内容、用户的偏好等因素。其中用户的活动性可由用户发帖、转发和评论的数量评估，用户的偏好则是指用户兴趣与消息内容之间的相似性以及消息发布者与用户之间的兴趣相似性。研究发现用户的偏好和活动性对用户转发行为有较大的影响[6]。用户属性一方面包括用户接受消息和发送消息上的偏好性，另一方面包括用户在信息传播上的角色，主要有大众媒体、草根（占用户的绝大多数）以及“传教士”（意见领袖、名人等）三类信息传播者角色[10]，其中“大众媒体”扮演着将消息传播给绝大多数受众的角色，“传教士”在将小众主题信息传播给受众方面担当主要角色，而草根用户尽管占网络用户的 98%，但在促进传播方面却相对被动。同时用户的偏好还表现在信息发布者与用户之间的兴趣相似性，即好友属性的趋同性。一般而言，社交网络用户之间的相似度越高，他们成为好友的可能性也就越大，其用户间的趋同性效应同样会影响信息的在线社交扩散[11]。

3）节点传播能力的测量

社交网络中的信息扩散受到多种可计算因素的影响，包括网络结构、传播者自身属性、信息属性以及以上因素的共同作用。但由于社交网络具有去中心化特点，每一个用户都是一个信息源，都是在社会网络中相互接触或彼此作用的信息扩散节点，信息通过这些用户节点对外传播和扩散，节点往往决定着危机信息的传播路径、走向和扩散程度。对社交网络中节点影响力的研究方面，社交网络中的意见领袖概念最具典型（3.1.3 节将会详述），同时学者尝试分别从基于网络结构和信息传播效果角度来量化节点的影响力。

具体从网络结构方面来看，计算信息传播节点重要性的指标较多，有从网络局部属性出发的局部中心性指标，有基于网络全局属性的特征向量中心性指标，还有基于网络位置属性的 *k*-核指标[12]等，不同的计算指标有各自的优点，也有其使用的局限性。其中基于网络局部属性中的节点连接度测量，是衡量节点影响力最简单直接的方法。微博中用户的“粉丝数”越多，说明该用户节点拥有的入度越多，则该节点影响力越大。Kwak 等研究发现，在 Twitter 中节点连接度最高的是演员、音乐家、政客、体育明星和新闻媒体[13]。在节点连接度研究的基础上，Burt 于 20 世纪 90 年代提出了“结构洞”的概念，结构洞指连接两个不相连接的群体的节点，处在结构洞位置的人在网络中往往充当意见领袖的角色，结构洞节点具有信息传播的竞争优势[14]。

从基于信息传播的角度测量节点传播能力的研究来看，Lee 等认为，用户转发的帖子可能只会被其中一小部分粉丝注意并产生影响，并将此部分粉丝定义为有效读者[15]，一个用户所拥有的有效读者可以作为衡量用户节点影响力的指标。被转发次数以及被提及次数也可用来度量节点的影响力。被转发次数指一个节点被其他用户提及的次数，表示了节点提供有传播价值的内容的能力；被提及次数指一个节点被其他用户提及的次数，表示了该节点受到的关注程度以及参与他人在线对话的能力[6]。Cha 等以 Twitter 相关数据为研究对象，对比了入度、被转发次数和被提及次数三者在衡量节点影响力时的不同，研究发现，与转发影响力相比，提及影响力是不随话题变化而变化的。这说明，在在线社会化媒体中，充当意见领袖的节点对不属于其专业领域的话题也具有一定的影响力[16]。

4）信息扩散模型

随着近年来社交网络尤其是微博、微信等社交新媒体的迅速发展，人们不断得到大规模信息扩散的翔实数据，根据这些实证数据学者总结出了信息传播的规律，并利用数学建模、分析及仿真等方法构建了多种信息扩散模型。

在 Web 2.0 时代，研究者可以通过数字媒体获得大规模的信息扩散数据，学者在数据驱动的信息扩散模型构建与分析方面取得了一定的进展[17]。在信息传播过程中，信息与用户之间会产生相关性，最显著的是用户对信息的亲和性。信息亲和性就是指用户对消息的感兴趣程度，一般而言，用户倾向于转发他们感兴趣的信息而忽略不感兴趣的信息。基于此，一些学者利用实证数据研究并提出了基于信息亲和性的模型[18]。另外，在社交网络中，信息到达某个人有两种不同的方式，一是通过社会网络中的连接，二是通过网络之外的外部信息源，如主流媒体[6]。Myers 等基于 Twitter 数据，提出了基于外部影响的信息扩散模型[19]。除了主流媒体等外部信息源可以影响信息传播，节点的权威性也能影响信息级联[20]。

### 3.1.2 双向交互理论

在奥斯古德直线传播模式理念的基础上，传播学的创始者威尔伯·施拉姆提出信息的传受双方通过信息传播相互作用、相互影响，是一个双向互动的过程。传播互动中的核心是信息，是传受双方相互作用的对象，而传者与受者之间的双向交互过程的实现基于信息流动。按照施拉姆传播模式，作为人类传播的主体，人的因素在传播过程中也是极其重要的，他们既是信息的传播者又是信息的接受者。施拉姆认为将来有一天能够实现所有人对所有人的传播，实现一种平行交叉的自由传播。进入信息化时代之后，新媒体的出现以及与移动客户端的结合，使得施拉姆的共享理念与全交互传播得以实现和印证。在互联网等新媒体技术日益兴起的背景下，Walther 等认为"互动性"的概念主要指传受双方在扮演信息的发送者和接受者上角色可互换及影响的程度[21]。今天，大众可以自由地使用各种社交媒体，并以高度交互的方式进行信息分享和互动。因此，在社会网络化的时代背景下，旅游危机信息扩散也呈现出这样的全交互模式。旅游危机事件发生以后，旅游危机事件的亲历者或者目击者尽己所能，借助于各种容纳文字、图片、音频、视频等的在线社交媒体及时地进行危机信息的发布、事件的还原和信息的转播。显然，仰仗于权威媒体的单向性垂直传播模式的传统旅游危机传播时代渐渐地被撇弃，而形成了旅游危机信息在在线社交媒体上快速地从一种载体流动到另一种载体，从一个旅游者流动到另一个旅游者或者多个旅游者、从多个旅游者流动到多个旅游者、从多个旅游者流动到一个旅游者等复合多向的"复杂交互"模式。网络信息技术的发展，使得旅游信息传播者与接受者已经从不平等的被动接受转化到传播者与接受者的互动再到两者之间的互相依存。

### 3.1.3 "意见领袖"理论

美国社会学家保罗·拉扎斯菲尔德被新闻传播界认定为"传播学的四个奠基人"之一。20 世纪 40 年代，他在其著作《人民的选择：选民如何在总统选战中做决定》中提出著名的"意见领袖"概念。意见领袖是指活跃在人际传播网络中，经常为他人提供信息、观点、建议或对他人直接造成影响的人，他与被影响者属于平等关系，并不集中于特定群体或者阶层，而是均匀分布在社会各个群体和阶层中[22]。拉扎斯菲尔德进一步阐述了“社会群体政治同质化”和“个人影响的性质”的内在联系，发现在信息传播中“意见领袖”扮演着特殊的角色，是个人关系网络中的特殊人，即思想常常从广播和印刷品流向意见领袖，然后通过他们流向人口中不那么活跃的一些人[23]。研究者发现，意见领袖存在于社会的各个阶层或各职业群体，这些人往往是他人的朋友、同事或亲戚，且与他们的被影响人十分相似。另外，他认为大众传播是经过意见领袖形成二级传播，并不是简单地直接流向一般受众，二级传播理论在公共舆论研究中得到了广泛应用。Rogers 在 *Diffusion of Innovations* 一书中对二级传播的概念进行了进一步的修改和补充，认为大众传播过程可以分为两个方面，一是作为信息传递的信息流，是一级的，信息经过传媒流向一般受众；二是作为效果或影响的“影响流”，是多级的，要经过人际传播的许多环节进行过滤，即多级传播[24]。

在新媒体时代，形成了在虚拟社区、在线社交媒体、新媒体等进行人际传播，即 P2P（peer to peer）模式的新人际传播过程。这种所谓的新人际传播的结构和过程体现了人与人传播的一个特征，即社群中出现足以影响社会成员观点的“意见领袖”。知名的危机管理专家林景新称新媒体网络中的“意见领袖”为“e 见领袖”，他们就是网络中影响 90%网民的那 10%的存在[25]。这个“e 见领袖”不一定是专家学者、知名艺人、媒体人士，却极有可能是某位版主、群主、微博达人，甚至是草根、某一事件的当事人或者某一事件的目击者等，他们在一定程度上掌握着所谓平民话语权中的焦点。新媒体的使用成员大多数时候在危机发生的时期会将他们的看法或者意见作为参考依据[26]。“e 见领袖”的观点与意见可以引爆一个事件的关注热度，将事件引向不同的发展趋势，或者他们的批判可能导致危机的加剧，或者他们的支持可能导致危机的好转。危机信息在线社交媒体传播中“目击者新闻”的大量存在就证明了危机事件网络传播中意见领袖角色的转变。

### 3.1.4 流空间理论

随着信息和通信技术的发展以及社会网络与组织结构的优化，“流空间”

（space of flows）的概念应运而生，是一种认识社会空间的全新模式。其概念最早由社会学家曼纽尔·卡斯特（Castells）提出[27]，他对“流空间”的定义是“通过时间控制促进信息流及物质流流动的一种社会组织形式，是社会中起支配作用的空间形态”[28]。在传统空间观念中，一个实体空间或区域是在时间上确定的、具有具体位置的地区，在某种方式上与其他地区有差别，并限于这个差别所研究的范围之内。但是随着信息技术的发展，20 世纪 90 年代后，人类进入了信息主导的社会[29]。随着对“信息流”“信息和网络社会”等的深入认识，信息和通信技术的发展以及社会网络的优化是“流空间”形成和发展的重要基础与方向，人们对时间、空间及其相互关系的认识开始发生新的变化。在新的时间和空间观研究方面，奥布瑞恩（O’Brien）通过对历史时期时间、空间和技术相互关联的研究，认为全球数字网络的出现正在终结地理间的限制，空间正表现为强烈的数字化特征[30]，地方空间的壁垒逐渐被以信息为基础的高新技术形成的“流动空间”所打破。泰勒（Taylor）指出在支配性社会实践的空间中，流动空间的节点备受城市研究学者的关注，他还基于 46 家全球化程度最高的跨国服务业公司的全球网络数据，测量了世界 60 多个城市在全球服务业网络中的相互距离，即所谓的“全球服务业距离”，证明了交互的紧密程度决定了流动空间中各类节点之间的距离[31, 32]。

但是正如 Castells（卡斯特）对流空间的第二层结构表述，虽然流空间的结构逻辑中没有提到场所，但并不代表流空间中真的没有场所[33]。流空间奠基于各种网络，而这些网络却连接了特定的场所，从而沟通了流空间与传统的场所空间之间的密切联系。卡斯特在其著作《信息化城市》中进一步阐述，在复杂的地域发展过程中，组织之间的网络连接就是在新的空间关系中的联系模式。同一组织的不同节点之间或者不同组织之间在流空间执行任务、履行职责，因此空间对于任何现存组织的生死存亡来说最重要。在信息经济中的组织空间正在逐步成为流动空间[34]。这样描述的意义在于强调组织是有固定场所的，但是信息网络正在逐渐决定组织之间的关系或者组织之间的联系，空间屏障的坍塌并不意味着空间意义的减弱。

魏治认为流空间包括两方面的含义，一方面是由节点、枢纽、回路等组成的网络，另一方面是该网络所承载的信息流、人流、物流、资金流、技术流、行政流等的时空过程，网络和流是流空间所强调的关键词[35]。董超结合流空间出现的时代背景和植根于空间的基本属性，认为流空间具有处于时间-空间-社会三个维度碰撞中形成的永动性，时间维度的“延迟”和信息流交互路径的多维性，不同势能差节点之间形成信息流动的非对称性以及信息突破地域，在一些由城市构成的节点进行快速流动的瞬时交互性[36]。因信息流动而运作的共享时间之社会实践的物质组织空间形态是社会学意义的流空间，但其作用并且依附于或物化为的场所空间决定了其内在的地理属性特征明显[37]。“流空间”本身的物质要素组成及运动过程表现出的“流空间格局”已内嵌或物化在现实场所空间上面（表 3-1）。

**表 3-1 “流空间”与物化空间**

| “流空间”要素 | 物化空间 | “流空间” |
|---|---|---|
| 信息流 | 通信设备网络 | 网络流空间 |
| 人口流 | 交通设施路网 | 交通流空间 |
| 人口流、物质流、信息流、文化流等 | 城乡地域空间 | 地域流空间 |

从表 3-1 可知，信息化时代，“无形的信息流”主要通过信息网络系统来实现传输和转化[38]。在网络中流所发生的起始点可称为节点，这些节点通过流的传递积极参与围绕网络中关键节点的组织和活动。在这些节点中，存在着从事协调、支配等活动的枢纽节点，还存在着廊道的概念。廊道往往代表网络的主要延伸方向，代表网络结构发展的未来。在流空间中，相互分离的地区以一种新方式综合，网络结构、流动性和地区势能将起主导作用[39]。

危机信息在在线社交媒体的扩散是信息流在网络流空间信息的生动演绎。旅游突发危机事件发生后，危机信息会通过各种在线社交媒体形成信息流，并借助于移动客户端突破时间和空间的限制迅速扩散至全国各地，乃至海外的民众。因此，了解流空间视角下的旅游危机信息在现实空间结构的扩散规律和模式，挖掘旅游危机在社交网络传播过程中起核心作用的关键节点以及信息在空间的流动方向，有助于掌握旅游危机信息流空间的核心结构，便于在旅游危机发生的前期、中期和后期对旅游危机信息在空间上进行有效控制以及未来旅游目的地形象重塑。

### 3.1.5 网络维力理论

网络维力，即网络平台对网络信息扩散的支撑力，用来描述网络对信息扩散的支撑作用。网络维力理论是为了从网络本身出发研究实际的信息扩散问题，并能有效地反映信息扩散的普遍特性。网络维力理论的假设前提是：①网络空间的信息传递具有弥漫性，即各个节点之间可以互联互通；②网络空间是无限扩展的；③信息能将网络空间和现实空间耦合形成信息空间；④信息本身无法度量，因此以信息的节点量来标示信息量；⑤抽象无法度量，也无法用数学模型描述，因此通过研究网络平台对网络信息扩散的支撑效果来研究网络维力[40]。

由于受到现实载体与渠道、地点、时间等相关因素的制约和影响，现实空间的信息扩散必然存在种种弊端。但是网络的出现，特别是基于 Web 2.0 技术的在线社交媒体的出现，使得现实空间的信息扩散发生了本质的改变。信息扩散真正突破了时间、空间以及地域的限制，使得信息源与信息扩散节点之间不必考虑距离、时间等相关因素的影响与制约。在线社交媒体中，信息传播和扩散是通过节点与节点之间的交互来实现的。在线社交媒体把各个个体节点彼此连接起来，社交网络中的个体节点可以与和他关联的个体节点进行交流、互动以及分享和推荐信息等[41]。显然，网络推力时间优势、空间优势、群量优势最终会体现在时间和群量上。上述这些恰恰与传统扩散理论的假设前提背道而驰，也是传统扩散理论所无法解释和描述的。不可否认，传统的扩散理论在网络环境下的信息扩散面前显得无能为力。另外，网络的优势使得信息源的包容和扩增能力增强，信息源可以同时和任何一个信息扩散节点或多个信息节点进行实时的信息传递，互通互联，进而用最短的耗时实现扩散距离的无穷远[42]。

## 3.2　研究方法

### 3.2.1　文献研究法

文献研究法是对于特定研究主题既有文献与研究结果的整理，以及分析与批评的叙述整理，这些既有文献可能包含与研究主题相关的信息、想法、概念、证据或者特定观点，文献研究需要指出这些文献成果的性质、特征以及推导的理论逻辑[43]，梳理文献可以对某一课题进行全面的认识，夯实论文的理论研究基础。通过认真阅读相关研究成果，包括旅游危机、在线社交媒体、网络信息传播等，基于文献分析与评述，了解国内外研究主题的现状与不足，同时在这一过程中也不断受到启发，发现新的研究问题，为研究问题界定、研究方法、研究设计等多方面提供借鉴。

### 3.2.2 案例分析法

案例分析能够具象化地分析和表述研究问题，让研究内容更加生动且有据可循，为后续研究提供大量翔实的资料。在对景区危机信息在线社交媒体扩散研究的过程中，以 2012 年“十一黄金周”期间发生在陕西华山景区的伤人事件、2013 年“十一黄金周”期间发生在四川九寨沟景区的游客滞留事件、2014 年“十一黄金周”期间发生在陕西西安大雁塔的照相门事件、2015 年 6 月发生在北京故宫的裸照事件以及 2015 年 10 月发生于河北秦皇岛山海关的 5A 景区资质取消事件为案例，以景区危机信息传播过程中关键节点为主要研究对象，在计算传播学、双向交互、意见领袖、流空间等理论的指导下，探究景区危机信息在社交媒体中的时空扩散规律、关键节点特征以及传播模式等。

### 3.2.3 社会网络分析法

社会网络分析（social network analysis，SNA）方法产生于社会计量学的基础上，是一种独立面向社会结构的研究方法，主要以图论法和矩阵法来进行网络分析。图论法是以点和线的形式来表示行动者及其关系的一种方法，可以通过社群图来展现行动者的社会关系结构、关系特征等；而矩阵法是按行和列的方式排列社交网络中的每一个节点或关系，形成网络矩阵，可以运用这两种方法分析社交网络的中心度、子群来研究网络结构特征及信息在其中的扩散。近年来，大型社交网络下的社会网络随着如 Facebook、Flickr、Twitter 等社交网络的大肆兴起而逐渐成为研究的热点，弥补了传统社会网络只限于小规模群体之间的关系研究。社会网络分析致力于研究行动者以及行动者间的关系和连接情况，从而显露出行动者的社会网络信息，进一步观察行动者的社会网络特征，此外还能剖析出行动者背后的社会现象[44]。

### 3.2.4　回归分析法

回归分析法是从事物的因果关系出发来进行分析的研究方法。在实际操作中，根据统计资料求出因果关系的相关系数来确定因果关系的亲密程度。换言之，相关系数越大，表示因果关系越密切。之后通过相关系数就可以确定回归方程，找出变量之间的关系。本书为了研究影响信息扩散的因素，利用微博用户主页上呈现出的内容属性，来确定微博被转发数与微博用户的粉丝数、关注数以及发微博数之间的相关性，并运用多元线性回归分析方法来进一步分析微博被转发数受微博用户的粉丝数、关注数以及发微博数的影响程度。

## 3.3　主要研究内容

在自媒体时代，每个人都是媒体信息的发布点和扩散点，用节点式扩散方式传递信息和价值[45]。微博中，节点就是指网络用户、与网络用户绑在一起的一体化信息以及网络用户接入微博网络的设备形成的有机整体，微博的传播方式本质是一种节点（从节点到节点）传播[46]。将微博传播中所产生的节点类型划分为核心节点、桥节点与长尾节点[47]，而这三种节点分类均受到微博用户本身的影响力和受关注程度的影响[48]。在社会网络信息扩散研究中，扩散模型研究的主要目的是使信息最大限度地在网络中扩散，达到扩散最大化，而扩散最大化研究的核心问题就是鉴别并发现网络中扩散影响力最大的节点[49]。换言之，核心节点和桥节点在危机信息在线社交媒体扩散的过程中起着核心作用，分别对应微博中信息的生产者、信息的扩散者，他们往往决定着危机信息的传播路径、走向和扩散程度，在危机信息在线社交媒体扩散中起着至关重要的作用。一方面，核心节点不仅是危机信息产生的源头，而且是危机信息得以传播和扩散的关键，另一方面，核心节点作为核心用户在在线社交媒体信息进一步扩散的传播者。桥节点则起着连接其他网络用户和核心节点的关键作用。

在研究过程中，将核心节点和桥节点统称为景区危机信息传播过程中的关键节点。这些关键节点往往具备强大的危机信息扩散力，是引发景区危机信息在社交网络产生病毒式扩散的关键因素。他们具有很强的知情意愿，即会主动地获取信息，任何具有吸引力的危机事件在互联网上更容易引起关键节点的注意，进而通过他们的扩散为民众所知。显然，知情意愿对网络信息的传播具有显著的正效应，传播节点对传播速度、传播范围同样具有显著的正效应[50]。

综上可知，关键节点在景区危机在线社交媒体扩散中起到关键的中介作用，具有能够让景区危机进一步恶化的消极作用和化解危机的积极作用。研究表明，如果移除相关的核心节点可能会破坏或者造成整个网络瓦解，例如，在犯罪网络分析领域，核心用户的移除可以使得网络迅速瓦解和瘫痪[51]。显然，这些关键节点在景区危机事件信息网络扩散过程中起着至关重要的作用，连接的节点数量多，信息传输量大，不仅是其他关键节点获取危机信息的主要源头，也是其他关键节点转发信息的首选。危机信息只有通过关键节点的传播后，才能迅速扩散至网络或者一个相当广阔的地域范围，然后通过与其他关键节点的交叉扩散将危机信息扩散至不与这些枢纽节点直接联系的节点上，从而扩散到整个网络，形成全国范围内的大规模扩散。但是，由于技术门槛低，微博的同质化问题比较突显，因此在危机信息传播过程中，关键节点以及关键节点的行为规则更易把握也尤为重要。

以“2012 年国庆华山伤人事件”“2013 年国庆九寨沟滞留事件”“2014 年国庆大雁塔照相门事件”“2015 年故宫裸照事件”“2015 年山海关 5A 景区资质取消事件”为案例（为方便叙述，在后续分析中分别简称“华山事件”“九寨沟事件”“大雁塔事件”“故宫事件”“山海关事件”），探讨景区危机信息在在线社交媒体的扩散，特别是关键节点在在线社交媒体中的时空扩散规律和扩散模式。研究主要涉及以下方面。

1）在线社交媒体关键节点特征

微博这种社交网络媒体所呈现出来的内容属性特征与微博用户的信息扩散程度有着直接的关系，而且这些内容属性特征数据明显地体现在每一个微博用户的主页上，易于获得。因此，利用微博这种社交网络所呈现的内容属性特征，借助于 SPSS 工具相关分析和多元回归分析，研究影响关键节点微博被转发的因素之间的关系，以及不同内容属性对于危机信息在社交网络扩散的影响程度。

2）景区危机信息在在线社交媒体中的扩散模式

社交网络将现实生活中的人际关系完美地体现到网络环境中，且低技术门槛让互联网中信息传播关系更为复杂。因此，探究景区危机信息在在线社交媒体的扩散模式，特别是关键节点在在线社交媒体的扩散模式有助于厘清海量的社交网络数据下错综复杂的危机信息扩散关系，从而利于从实践中进行更有效的引导和调控。利用社交网络分析的可视化工具，可视化景区危机事件信息在微博的主要扩散路径，总结出景区危机信息在在线社交媒体不同的扩散路径以及关键节点在在线社交媒体的扩散模式。

3）景区危机事件信息在在线社交媒体扩散的时空规律及效应

促进景区危机信息在社交网络扩散的主要推动力就是关键节点，通过统计法和社会网络分析的可视化工具，可视化关键节点在微博扩散中的空间路径，分析旅游危机事件在在线社交媒体扩散过程中关键节点的时间和空间规律，并进一步探究其时空效应及影响因素。

4）景区危机信息控制策略

根据景区危机信息在在线社交媒体的时空扩散规律，进一步探讨景区危机信息控制策略，为旅游目的地和景区的危机管理提供借鉴。

## 3.4　案例概要和数据获取

本书选取“华山事件”“九寨沟事件”“大雁塔事件”“故宫事件”和“山海关事件”作为案例，运用 Python 语言以递归方法抓取新浪微博数据，并对所获数据进行去重处理，保留源数据，具体字段包括账号、地址、性别、粉丝数、关注数、转发时间、转发内容等，形成案例数据库。同时利用知微①网站输入关键账号微博地址，获取相关数据。通过两种主要途径获取基础数据，在此基础上运用图论、统计分析、地理信息系统等方法对数据进行处理分析。

### 3.4.1　案例概要

在选取案例事件时，主要基于以下考虑。

① 专业的互联网大数据传播分析平台，基于海量数据的分析、挖掘和可视化，构建社会热点事件的发现、追踪、挖掘及预测的完整生态，进一步形成有效的事件影响力评价标准。

第一，事件发生于旅游景区。在国家标准《旅游区（点）质量等级的划分与评定》（GB/T 17775—2003）中“旅游景区”是以旅游及其相关活动为主要功能之一的空间或地域，具体指具有参观游览、休闲度假、康乐健身等功能，具备相应旅游服务设施并提供相应旅游服务的独立管理区。该管理区应有统一的经营管理机构和明确的地域范围。所选取的 5 起事件均发生于景区这一空间范畴，与景区的经营管理有直接关系，符合项目研究对象的要求。

第二，景区类型及所处地域具有一定差异性。类型及空间的差异性有助于分析危机事件信息扩散特征及机制的比较研究。故宫、山海关景区位于我国东部地区，华山、大雁塔景区位于中西部，九寨沟景区偏西南地区，在空间上具有区域差异性。从景区类型上来看有人文历史类的景区，也有自然山水类的景区。

第三，危机事件形成网络舆情的诱因不同。选取不同诱因的危机事件有助于后续研究的对比分析。5 起事件在当日均引起了广泛关注，特别是在在线社交媒体网络空间引起了热议，但形成网络舆情的诱因不尽相同。华山事件和九寨沟事件均因游客滞留引发冲突，但前者造成人员伤害并进一步上升为刑事案件。大雁塔事件因景区周边治理不善存在商家消费陷阱。故宫事件则是因名胜古迹拍摄不雅照引发社会热议并进一步反映故宫管理不力。山海关景区是首个被摘牌的 5A 级景区，且在所列四条原因中居于首位的是触及消费者敏感的“景区擅自更改门票价格”问题。5 起不同诱因的危机事件在微博扩散中的影响力不同。

1）华山事件

2012 年 10 月 2 日，有 2.7 万余名游客在半日之内涌入华山东线景区，约 2000 名游客滞留在索道下站。一对夫妇因要求退票，与景区保安发生冲突，被景区保安痛殴并捅伤。随后，事件引起广泛关注。

2）九寨沟事件

2013 年 10 月 2 日中午，九寨沟景区内逐渐出现游客上车难、等车难的情况。由于当日游客众多，景区公交运力不足，游客在候车点排队等候时间过长，部分游客情绪激动，跑出候车点拥上公路，进一步加重拥堵，致使景区交通瘫痪。景区入口处还在对外通行，想上山的上不来，想走的下不去，最终景区出动武警维持秩序，至 15 时 20 分，游客开始进行疏散。

3）大雁塔事件

2014 年 10 月 2 日，一位陕北游客和女友在大雁塔景区北广场游玩，广场照相的工作人员给其推荐了古装拍照，本来和女友只想选一两张照片留个纪念，但商家在未充分沟通的情况下擅自冲洗 46 张照片，并索要 1380 元照相费。这位游客未带足够现金，发生争执后，商家将游客的手机和平板电脑扣押，要求其取现金赎回扣押物品。随后，游客报警，警方介入调查。经公安雁塔分局大雁塔派出所调查，照相馆的行为构成了强迫交易，而声称已打印的 46 张照片并没有洗印，属于敲诈勒索。本次事件在 2014 年 10 月 3 日，由“新浪陕西”“华商网”等地方媒体在微博上发出，引起社会各界的关注。该事件暴露了景区管理漏洞，部分不良商家的行为给大雁塔景区和古城西安的旅游形象造成了严重影响。

4）故宫事件

2015 年 5 月 17 日上午 10 时，账户名为“WANIMAL”的网民在微博上公布了一组在故宫博物院内拍摄的不雅观照片。起初，该微博关注度不高，为防止炒作，故宫博物院没有立刻给出回应，仅向相关部门报告该情况。但是该事件受到媒体和社会的广泛关注，因此，故宫相关部门在 6 月 1 日发布公告，表明故宫博物院当时并不知情，但工作人员曾在事件发生时对其行为进行过制止。故宫相关部门同时表示，坐在文物建筑上进行拍照，不仅违反社会公共秩序和社会公德，严重影响了故宫博物院庄重的历史文化氛围，而且是对文物本身和文化遗产尊严的破坏，应当受到谴责。随后，该事件引发了媒体和网友的广泛关注与热烈讨论，给故宫造成了一定影响。

5）山海关事件

山海关景区是首批国家 5A 级景区，2015 年 10 月 9 日，国家旅游资源规划开发质量评定委员会作出取消山海关景区 5A 级资质的处罚决定，成为首个被摘牌的 5A 级景区。当日央视晚间新闻报道了山海关被取消 5A 景区的消息，当晚此条新闻被大量转发。

### 3.4.2 数据获取

在数据选取时，以“华山伤人”“故宫裸照”“九寨沟滞留”“大雁塔照相”“山海关被撤销 5A”为关键词，在新浪微博中分别进行搜索，在检索到的微博中，按照以下条件筛选关键账号：①发布微博时间早，尽可能找到最早微博信息源。②转发量大于 100。微博的转发量与危机信息扩散网络有着直接联系，转发量直接影响着微博传播分析的结果，选择转发量大的微博有利于形成影响力比较大的扩散网络，有利于微博扩散情况的分析与研究。③信息完整。有些微博局部转发信息没有公开或者由于特殊原因被新浪微博屏蔽，这样会造成收集的扩散数据不完整。

“华山事件”发生的网络关注高潮集中在 2012 年的 10 月 2～5 日。根据这个时间确定微博数据采集时间从华山事件发生的时间算起，即 10 月 2 日 17：00 左右，截止时间为 10 月 5 日 24：00。

“故宫事件”中，故宫相关部门在 6 月 1 日公开发表相关声明后，该事件微博关注度迅速升高，新浪微博有关该事件的最早记录为 6 月 1 日 9：55，以此为时间点，选取了转发量大于 100，且转发量排名靠前的 5 个账号作为关键账号，分别是“财经网”“新京报”“南方都市报”“北京人不知道的北京事儿”“网易 LOFTER”。

“九寨沟事件”发生在 10 月 2 日，新浪微博上最早的记录是 2013 年 10 月 2 日 15：03 由“东方早报”发出的一条标题为“上不去下不来”的信息，在微博发出之后，立刻引起了较大的反响，各大媒体紧跟其后，纷纷发出微博。根据筛选条件，选取了“东方早报”“央视新闻”“人民日报”“财经网”“广州日报”等 5 个关键账号。

“大雁塔事件”，在新浪微博上发出的最早时间为 10 月 3 日 11：24，由“新浪陕西”发出，其微博转发量较小，而 10 月 5 日 11：43 由“央视新闻”发出的微博，关注度及转发率提高，经筛选，以“新浪陕西”“央视新闻”“人民日报”“公安部打四黑除四害”“中国经营报”为关键账号。

“山海关事件”，在新浪微博中最早的记录为“央视财经”于 10 月 9 日 17：46 发布的一条微博，随后“财经网”“人民日报”“新京报”等其他账号也发布了信息，进一步引发大量转发。

表 3-2 为关键账号的基本信息。

**表 3-2　关键账号的基本信息**

| 事件 | 名称 | 发微博时间 | 类型 | 转发量 |
|---|---|---|---|---|
| 华山事件 | 在西安 | 2012/10/02 17：01 | 非新闻类官方微博 | 4 647 |
| | 头条新闻 | 2012/10/02 07：23 | 新闻媒体微博 | 9 088 |
| | 纵伤 | 2012/10/03 00：34 | 内蒙古（当事人） | 6 395 |
| | 魅影丫 | 2012/10/02 10：07 | 江苏（事件亲历者） | 4 204 |
| 九寨沟事件 | 东方早报 | 2013/10/02 15：03 | 报纸-都市报 | 1 641 |
| | 央视新闻 | 2013/10/02 17：57 | 新闻媒体 | 11 050 |
| | 财经网 | 2013/10/02 16：23 | 媒体网站 | 673 |
| | 广州日报 | 2013/10/02 16：20 | 报纸-机关报 | 531 |
| | 人民日报 | 2013/10/02 16：24 | 报纸-机关报 | 2 778 |
| 大雁塔事件 | 新浪陕西 | 2014/10/03 11：24 | 地方媒体 | 687 |
| | 人民日报 | 2014/10/05 11：28 | 报纸-机关报 | 1 082 |
| | 公安部打四黑除四害 | 2014/10/05 09：42 | 公安-其他机构 | 246 |
| | 央视新闻 | 2014/10/05 11：43 | 新闻媒体 | 1 445 |
| | 中国经营报 | 2014/10/05 18：40 | 报纸 | 56 |
| 故宫事件 | 财经网 | 2015/06/01 16：24 | 媒体网站 | 1 685 |
| | 新京报 | 2015/06/01 09：55 | 报纸-都市报 | 264 |
| | VISTA 看天下 | 2015/06/01 11：02 | 杂志-时政新闻 | 671 |
| | 网易 LOFTER | 2015/06/01 12：45 | 潮流时尚-酷站 | 195 |
| | 北京人不知道的北京事儿 | 2015/06/01 10：15 | 本地资讯 | 882 |
| | 南方都市报 | 2015/06/01 11：48 | 报纸-都市报 | 780 |
| 山海关事件 | 人民日报 | 2015/10/09 19：24 | 报纸 | 3 226 |
| | 头条新闻 | 2015/10/10 06：16 | 微博认证 | 1 384 |
| | 财经网 | 2015/10/09 18：02 | 媒体网站 | 655 |
| | 新京报 | 2015/10/09 19：33 | 报纸-都市报 | 588 |
| | 环球时报 | 2015/10/09 21：50 | 报纸-都市报 | 296 |
| | 央视财经 | 2015/10/09 17：46 | 新闻媒体 | 131 |

每起危机事件，最终筛选出 4～6 条具有影响力的信息源微博。微博在在线社交网络的扩散方式有评论、收藏、转发等形式。为定量化分析微博扩散状况，重点研究这些关键账号的转发部分。利用北大微博可视化工具进行数据爬取，并结合知微数据分析平台对 5 起案例事件的时空扩散进行分析。

根据专业数据分析平台知微的微博数据，5 起危机事件在微博中的平均曝光量和微力值等具有明显差异，见表 3-3。曝光量指某条微博在多少个微博用户的页面上显示，数值越大曝光度越高。微力值是指综合某消息的传播深度、广度及参与用户各项指标加权后得出这条微博影响力数值，微力值反映了某条微博的微博影响力，微力值越大对旅游目的地及旅游景区的负面影响越大。5 起事件中，华山事件的微博曝光量和微力值均高于其他事件。九寨沟事件的微力值为 76.2，位居第二。山海关事件的微力值为 74.8，略低于九寨沟事件，微力值最小的是故宫事件，为 72.8。从曝光量来看，顺序与微力值顺序基本一致，仅山海关事件与九寨沟事件顺序发生变化，山海关事件微博曝光量高于九寨沟事件，位列第二。

综合这两组数据，危机事件在微博中的扩散给旅游目的地和旅游景区造成的负面影响由高到低分别是华山事件、九寨沟事件、山海关事件、大雁塔事件和故宫事件。5 起危机事件也具有一定共性，在事发时均为 5A 景区，知名度高；在发生时间上，3 起事件发生均于“十一黄金周”期间，1 起事件发生于“十一黄金周”之后两天，均处于敏感时期。

**表 3-3　知微数据分析平台 5 起案例关键账号的平均曝光量及微力值一览表**

| 年份 | 案例名称 | 平均曝光量 | 微力值 |
|---|---|---|---|
| 2012 | 华山事件 | 13 738 | 81 |
| 2013 | 九寨沟事件 | 5 462 | 76.2 |
| 2014 | 大雁塔事件 | 3 718 | 73.2 |
| 2015 | 故宫事件 | 1 870 | 72.8 |
| 2015 | 山海关事件 | 5 753 | 74.8 |

## 参 考 文 献

[1] 王成军. 计算传播学：作为计算社会科学的传播学[J]. 中国网络传播研究，2014，(8)：193-206.

[2] Doerr C，Blenn N，Van M P. Lognormal infection times of online information spread[J]. Plos One，2013，8 (5)：e64349.

[3] Asur S，Huberman B A，Szabo G，et al. Trends in Social Media：Persistence and Decay[EB/OL]. [2011-02-05]. https: //zh.scribd.com/document/48665388/Trends-in-Social-Media-Persistence-and-Decay.

[4] Wu S，Tan C，Kleinberg J M，et al. Does Bad News Go Away Faster?[EB/OL]. [2011-07-17]. https: //www.researchgate.net/publication/221298084_Does_Bad_News_Go_Away_Faster.

[5] Rodrigues T，Benevenuto F，Cha M，et al. On word-of-mouth based discovery of the web[C]. ACM SIGCOMM Conference on Internet Measurement Conference. New York：ACM Press，2011：381-396.

[6] 许小可，胡海波，张伦，等. 社交网络上的计算传播学[M]. 北京：高等教育出版社，2015.

[7] Lerman K，Ghosh R. Information contagion：An empirical study of the spread of news on Digg and Twitter social

networks[J]. Computer Science，2010，52：166-176.

[8] Schläpfer M，Buzna L. Decelerated spreading in degree-correlated networks[J]. Physical Review E Statistical Nonlinear & Soft Matter Physics，2012，85（1）：15101.

[9] Romero D M，Meeder B，Kleinberg J. Differences in the mechanics of information diffusion across topics：Idioms，political hashtags，and complex contagion on twitter[C]. International Conference on World Wide Web. New York：ACM Press，2011：695-704.

[10] Cha M，Benevenuto F，Haddadi H，et al. The world of connections and information flow in Twitter[J]. IEEE Transactions on Systems Man and Cybernetics-Part A Systems and Humans，2012，42（4）：991-998.

[11] Choudhury M D，Sundaram H，John A，et al. "Birds of a feather"：Does user homophily impact information diffusion in social media？[J]. Modern Rheumatology，2010，17（4）：279-282.

[12] Kitsak M，Gallos L K，Havlin S，et al. Identification of influential spreaders in complex networks[J]. Nature Physics，2010，6（11）：888-893.

[13] Kwak H，Lee C，Park H，et al. What is Twitter，a social network or a news media？[C]. International Conference on World Wide Web. New York：ACM Press，2010：591-600.

[14] Burt R S. The social capital of opinion leaders[J]. Annals of the American Academy of Political & Social Science，1999，566（1）：37-54.

[15] Lee C，Kwak H，Park H，et al. Finding influentials based on the temporal order of information adoption in twitter[C]. International Conference on World Wide Web. New York：ACM Press，2010：1137-1138.

[16] Cha M，Haddadi H，Benevenuto F，et al. Measuring user influence in Twitter：The million follower fallacy[C]. International Conference on Weblogs and Social Media，Icwsm 2010. Washington D C，2010.

[17] Nguyen H，Zheng R. A data-driven study of influences in Twitter communities[EB/OL]. [2016-02-15]. http://www.doc88.com/p-4915253833479.html.

[18] Iribarren J L，Moro E. Affinity paths，and information diffusion in social networks[J]. Social Networks，2011，33（2）：134-142.

[19] Myers S A，Zhu C，Leskovec J. Information diffusion and external influence in networks[C]. Proceedings of the 18th ACM SIGKDD international conference on Knowledge discovery and data mining. New York：ACM Press，2012：33-41.

[20] Anagnostopoulos A，Brova G，Terzi E. Peer and authority pressure in information-propagationmodels[EB/OL]. [2011-09-05]. http://xueshu.baidu.com/s?wd=paperuri%3A%28ab7422d7d4be1627a6be3d31446af710%29&filter=sc_long_sign&tn=SE_xueshusource_2kduw22v&sc_vurl=http%3A%2F%2Fwww.springerlink.com%2Fcontent%2F96231j282626m116&ie=utf-8&sc_us=2064336069491289646.

[21] Walther J B，Gay G，Hancock J T. How do communication and technology researchers study the internet[J]. Journal of Communication，2005，55（3）：632-657.

[22] 拉扎斯菲尔德. 人民的选择：选民如何在总统选战中做决定[M]. 唐茜，译. 北京：中国人民大学出版社，2012：189.

[23] 弥尔顿. 西方新闻传播学名著选译[M]. 顾孝华，译. 上海：上海社会科学院出版社，2008：221-222.

[24] Rogers E M. Diffusion of Innovations[M]. New York：Free Press，1962.

[25] 林景新. 网络危机管理——Web 2.0 时代企业危机解决之道[M]. 广州：暨南大学出版社，2009：98.

[26] 蔡哲. 新媒体全交互危机传播模式构建研究[D]. 长沙：湖南大学，2010.

[27] Castells M. The Informational City：Information，Technology，Economic Restructuring and Urban-Regional Process[M]. Oxford：Blackwell Publishing Ltd，1989.

[28] Castells M. information technology，globalization and social development[R]. Geneva：UNRISD，1999.

[29] Kellerman A. Phases in the rise of the information society[J]. Info-The Journal of Policy，Regulation and Strategy for Telecommunications，2000，2（6)：537-541.

[30] O'Brien R. Global Financial Integration：The End of Geography[M]. London：Printer，1992.

[31] Taylor P. Urban hinterworlds：Geographies of corporate service provision under conditions of contemporary globalisation[J]. Geography，2001，86（1)：51-60.

[32] Taylor P J，Walker D R F. World cities：A first multivariate analysis of their service complexes[J]. Urban Studies，2001，38（1)：23-47.

[33] Castells M. The Rise of the Network Society[M]. Cambridge：Blackwell，1996.

[34] 卡斯特. 信息化城市[M]. 崔保国等，译. 南京：江苏人民出版社，2011：184.

[35] 魏治. 流空间视角的沈阳市空间结构研究[D]. 长春：东北师范大学，2013.

[36] 董超. 流空间形成与发展的信息导引研究[D]. 长春：东北师范大学，2012.

[37] 董超. “流空间”的地理学属性及其区域发展效应分析[J]. 地域研究与开发，2012，31（2)：29-31.

[38] 张平宇. 知识经济的地理特征[J]. 地理研究，1998，17（4)：398-400.

[39] 杨勤业，吴绍洪，陆大道. 区域发展中地理势能的初步研究[J]. 经济地理，2003，23（4)：441-444.

[40] 于剑男. 基于信息空间扩散模型的网络维力研究[D]. 哈尔滨：哈尔滨工程大学，2012.

[41] 陈浩，王轶彤. 基于阈值的社交网络影响力最大化算法[J]. 计算机研究与发展，2012，49（10)：2181-2188.

[42] 邓忆瑞. 基于网络维力的信息扩散研究[D]. 哈尔滨：哈尔滨工程大学，2008.

[43] Boote D N，Beile P. Scholars before researchers：On the centrality of the dissertation literature review in research preparation[J]. Educational Researcher，2005，34（6）：3-15.

[44] 吴图南. 网络突发事件的传播过程及干预对策研究[D]. 上海：复旦大学，2009.

[45] 5DS 一觉的博客. 迎接云媒体时代的到来[EB/OL]. [2011-04-24]. http: //blog. sina. com. cn/s/blog_510242650100r48v. html.

[46] 钟舟. 微博客的传播特征与传播模式[D]. 长沙：中南大学，2012.

[47] 郑雅真. 新浪微博的发展研究[D]. 北京：北京交通大学，2010.

[48] 杭璐. 我国明星微博的传播效果研究[D]. 上海：华东师范大学，2012.

[49] 王萍. 社会化网络的信息扩散研究[J]. 情报杂志，2009，28（10）：39-42.

[50] 宋晓龙. 突发事件的互联网信息传播规律研究[D]. 哈尔滨：哈尔滨工业大学，2011.

[51] 肖宇. 校园网络信息传播特性与用户影响力研究[D]. 武汉：华中科技大学，2012.

# 第 4 章　景区危机信息扩散中的关键节点

关键节点在整个信息扩散过程中起着重要的作用，本书要明晰在旅游危机信息扩散中起着关键作用的节点，分析不同关键节点的效应，并研究关键节点信息传播的影响因素。

## 4.1　微博信息的传播特征

微博，即微型博客，又称微博客、一句话博客等。维基百科关于微博的定义是一种基于用户关系信息分享、传播以及获取的平台，以 140 字左右的文字更新信息，并实现即时分享。微博允许任何人阅读或者只能由用户选择的群组阅读[1]，在发布文字的同时整合了图片、影音剪辑、网页等多种方式的信息。微博的活跃用户基数大，信息流动频率高，产生海量信息，已经成为不可或缺的信息载体和网络传输媒介，对人们的日常工作和生活产生日益巨大的影响[2]。美国查普曼大学教授休·休伊特曾经在谈论博客时深刻地说："当很多博客选择了一个主题或者开始跟踪一条新闻时，便可形成博客蜂群"，这便是"蜂群效应"[3]。显然，微博延续了如博客等传统社交网络网站的优势，将"六度分隔"理论发挥到了极致，使得信息在微博这一平台上瞬间就能通过互联网传递到各个角落[4]，让这种"蜂群效应"更快速地形成。

微博作为自媒体时代的典型代表，赋予了公众话语权和媒介接近权，使其在信息扩散过程中扮演信源、传播者、接受者等多种角色。由于在信息传播速度、广度和便捷性等方面具有优势，加上其庞大的用户数量，微博对社会事件的介入和参与能力越来越强，逐渐成为危机信息传播的新途径和集聚地，打破了原有舆论格局中传统媒体、政府的固有地位，形成"新的风暴中心"，其在危机信息传播过程中具有如下特点。

1）以人为主体和聚合为特征的节点扩散

由于微博自诞生以后就一直强调"以用户为中心"和"以用户关系为基础"

的信息传播，所以微博的主体就是“人”与节点的结合，即微博上的每一个用户在网络上都可以看作一个“节点”，“节点”与“节点”间可以双向传播信息，用户既能将感兴趣的“节点”纳入自己的信息网络，也可能成为其他用户信息网络中的“节点”。因此，“节点”之间的相互连接和聚合就形成了微博信息的扩散网络。但是，由于微博用户所处的“节点”位置会随着其发布信息内容的转换而转换，所以用户在微博上的信息网络并不是一成不变的，随着“节点”而变化，以该用户为中心的各个信息网络经由超文本链接，构成一种分散的网状传播。

2）移动网络+“碎片化”传播加速了旅游危机信息的扩散

作为信息扩散的工具，微博在糅合博客、论坛、社交网络等多种传播媒介形态特点的基础上进行了创新，主要体现在独特的“碎片化”传播。140 字左右的呈碎片化的信息传播契合了社会信息化、时间碎片化的现代生活方式，微博信息的碎片化使得危机信息扩散迅速，但是扩散效果不可预测，大众传播变为小众传播，小众传播变成分众传播，分众传播变成个众传播，而这些非大众传播反过来又构成新的大众传播，这中间的信息被不断地分流、不断地整合、不断地强化，微博扩散呈现出一种信息无处不在的景象；微博与移动客户端的结合，使得用户极易获取与发布信息，真正实现了随时随地的信息扩散以及实时性的交流，使得信息扩散速度呈几何式增长；加上微博信息碎片化，更能引发用户对危机信息的深度追踪，因此用户就危机事件可以在几秒钟内作出反馈，其即时性、现场感以及便利性远非传统媒体所能比拟。

3）海量微博用户群体使得微博舆论更具规模效应

除了成千上万的大众，微博还吸引了社会各行各业的精英加入与参与，如传统媒体和记者、知名企业、商业精英、专家学者、演艺名人以及政府部门和政府官员等，这是以往任何一种传播媒介都难以望其项背的。这些各界精英与普通网民一起构成强大的舆论主体，加上微博融合图片、视频等功能更具视觉冲击和真实性，能够迅速引发热潮，形成了一种全新的舆论扩散生态，直接作用于舆论的走向，造成重大的社会舆论影响[5]，从而加速微博危机信息的形成和扩散，为危机信息的聚合和裂变带来可能。另外，微博特有的关注、转发等功能使得各个信息节点之间的交互关系明确，便于对危机事件信息传播的进一步追踪。

# 4.2　关键节点的信息扩散分析

## 4.2.1　关键节点及分类

微博是一种在用户关系的信息分享、传播和获取基础上的信息服务平台，具有媒体传播性和社交网络特性[6]。在传播过程中，信息的流量和流向都由关键节点[7]决定，对舆论的传播方向有着显著的作用。在“华山事件”“九寨沟事件”“故宫事件”等 5 个危机事件的在线扩散过程中产生了大量具有影响力的关键节点，这些关键节点拥有很高的点出度和点入度，对危机信息在整个网络的扩散传播起着至关重要的作用，决定着危机事件在线扩散速度、扩散方向和扩散程度，形成了危机信息重要的二级传播和三级传播甚至更多级的传播链。在关键节点的选取上，以哈佛大学心理学教授斯坦利·米尔格拉姆（Stanley Milgram）的“六度分隔”理论为理论依据[8]，以 6 为基准定义关键节点，转发大于 6 以上的均定义为关键节点，并对其进行划分和比例测算。从表 4-1 中可以看出，景区危机事件的在线传播过程中，产生了 9 种不同类型的关键节点，包括草根、媒体工作者（资讯博主、报社编辑、记者、广播电视台从业人员）、官方微博（新闻媒体类、公安司法机关类、旅游机构类）、名人（微博达人）、律师、教育、作家、主题资讯及论坛（时尚平台、图片摄影）等。可以发现，五个景区危机事件中均出现了新闻媒体类官方微博、草根和名人，说明此三种类型的关键节点在景区危机信息扩散中具有突出的作用。

同时结合分析图 4-1，可以看出在景区危机事件传播过程中，“草根”作为微博上推动信息扩散的关键节点占据着绝对的优势，这是微博“自媒体时代”[9]特性的最直接体现，广大普通用户成为景区危机事件在线扩散的主力军，其崛起改变了传统危机信息传播中媒体和政府占据主导地位的局面，颠覆了人们对传统意义上意见领袖的理解，即认为意见领袖在某一个领域内影响较大或者在某一个领域较为活跃。其次是较受公众关注、具有广泛影响力的“官方微博”，且“新闻媒体类”数量突出。再次为拥有众多粉丝的“微博达人”或“名人”，以及具有典型职业特性的“媒体工作者”。它们以其强大粉丝团或者高关注度的优势成为景区危机事件在线传播的又一关键群体。最后还有与危机事件性质、发生地等相关的各类主题资讯平台，此类关键节点所占比例最少，但也对景区危机事件的扩散起到了不可忽视的推动作用。

**表 4-1　景区危机事件微博关键节点分类（部分）**

| 事件 | 分类 | 网名 | 关注 | 粉丝数 | 微博 | 所在单位/微博等级 |
|---|---|---|---|---|---|---|
| 华山事件 | 媒体工作者 | 王星 WX | 1 978 | 68 925 | 10 991 | 《南方都市报》 |
| | | 媒体工作者肖执缨 | 1 362 | 19 947 | 34 292 | 《羊城晚报》记者 |
| | | 我是太阳的味道 | 2 164 | 124 743 | 48 049 | 网络媒体工作者 |
| | | 胡锡进 | 138 | 3 398 972 | 2 919 | 《环球时报》总编辑 |
| | | 吴尊家的宝贝 | 565 | 52 314 | 38 491 | 《钱江晚报》知名记者 |
| | 草根 | Nobodystopme | 415 | 11 907 | 4 393 | 星钻达人 |
| | | 任逍遥-RR | 401 | 5 186 | 5 779 | 黄金达人 |
| | | 新闻已死 | 1 997 | 69 460 | 21 001 | 白金达人 |
| | | Halleyli | 79 | 389 | 139 | 北京丰台（当事人朋友） |
| | | 卫晚 | 152 | 529 | 1 014 | 天津（当事人朋友） |
| | | 纵伤 | 19 | 5 977 | 118 | 内蒙古（当事人） |
| | 名人 | 陈昊芝 | 570 | 130 000 | 5 334 | 触控科技总经理 |
| | | 老徐时评 | 461 | 269 594 | 7 673 | 独立评论人 |
| | | 北娃大王 | 1 636 | 449 561 | 24 557 | 制片人/北京 |
| | | 薛蛮子 | 1 940 | 10 919 409 | 73 178 | 天使投资人 |
| | | 姚晨 | 596 | 37 820 000 | 6 917 | 知名演员 |
| | 官方微博 | 南京零距离 | 598 | 162 775 | 18 013 | 江苏城市频道新闻栏目官方微博 |
| | | 今日上海热点 | 1 768 | 147 211 | 3 008 | 上海微博资讯发源地 |
| | | 新浪汽车 | 611 | 824 134 | 24 461 | 新浪汽车官方微博 |
| | | 河南商报 | 918 | 698 604 | 24 733 | 《河南商报》官方微博 |
| | 律师 | 富敏荣律师 | 2 999 | 57 025 | 8 839 | 上海新文汇律师事务所主任 |
| | | 迟夙生律师 | 2 989 | 270 000 | 43 376 | 夙生律师事务所 |
| | | 马滦律师 | 3 454 | 53 433 | 4 362 | 广东商学院法学院副教授 |
| | 教育 | 吴必虎 | 1 095 | 715 829 | 15 057 | 北大知名教授，旅游研究行者 |
| | | 何兵 | 1 021 | 384 167 | 10 430 | 中国政法大学法学院副院长 |
| | | 刘德寰 | 1 968 | 80 552 | 6 423 | 北京大学新闻与传播学院教授 |
| | 论坛 | 莲蓬鬼话 | 667 | 13 250 | 6 654 | 天涯社区莲蓬鬼话的创始人 |
| | | 康康先锋 | 419 | 3 843 | 2 299 | 老城根论坛版主 |
| | 作家 | 唐小蓝蓝 | 620 | 20 042 | 925 | 新言情作家 |
| | | 背包客小鹏 | 2 793 | 520 000 | 3 948 | 职业旅行作家 |
| | | 桀然 | 1 542 | 47 372 | 10 110 | 作家 |
| 九寨沟事件 | 官方微博 | 东方早报 | 466 | 3 458 056 | 37 586 | 《东方早报》官方微博 |
| | | 央视新闻 | 937 | 36 308 392 | 58 549 | 中央电视台新闻中心官方微博 |
| | | 财经网 | 964 | 17 125 867 | 100 484 | 财经网官方微博 |
| | | 广州日报 | 1 682 | 5 984 697 | 75 413 | 《广州日报》官方微博 |
| | | 人民日报 | 1 221 | 39 638 786 | 5 231 | 《人民日报》法人微博 |
| | | E 旅行网 | 1 012 | 691 443 | 35 264 | E 旅行网官方微博 |

续表

| 事件 | 分类 | 网名 | 关注 | 粉丝数 | 微博 | 所在单位/微博等级 |
|---|---|---|---|---|---|---|
| 九寨沟事件 | 草根 | 五言六句 | 304 | 14 181 | 8 935 | 微博达人 |
| | | 佩 PeiPeggy | 108 | 34 209 | 150 | 微博会员 |
| | | 魏东 v | 2 390 | 9 365 | 37 565 | 微博达人 |
| | | Mr-小纯洁 | 428 | 4 839 | 6 898 | 微博达人 |
| | | 安心赚钱的兔子吼 | 1 582 | 5 577 | 18 866 | 微博达人 |
| | 媒体工作者 | 张书新 | 1 007 | 1 009 542 | 15 177 | 《精品购物指南》总编辑 |
| | | 郑维 | 1 998 | 219 408 | 28 293 | 香港《南华早报》中文网总编辑 |
| | | 嘴记 | 666 | 31 768 | 6 311 | 广州汽车音乐电台 FM102.7 主持人 |
| | | 批评家陈默 | 2 924 | 276 362 | 34 642 | 《大艺术》执行主编 |
| | 教育 | 余戈-腾冲之围 | 726 | 350 613 | 17 581 | 抗战史研究者 |
| | | 公众环境马军 | 1 788 | 56 986 | 40 784 | 公众与环境研究中心主任 |
| | 名人 | 王燕光 | 707 | 78 167 | 22 793 | 天津滨海旺辉工程咨询有限公司总经理 |
| | 律师 | 迟夙生律师 | 3 626 | 643 608 | 74 366 | 夙生律师事务所 |
| 大雁塔事件 | 官方微博 | 新浪陕西 | 1 038 | 1 368 686 | 26 092 | 新浪陕西官方微博 |
| | | 人民日报 | 1 201 | 39 094 978 | 51 811 | 《人民日报》法人微博 |
| | | 华商网 | 429 | 461 707 | 51 874 | 华商网官方微博 |
| | | 南宁铁路公安 | 2 001 | 66 096 | 18 062 | 南宁铁路公安局官方微博 |
| | | 平安伊犁 | 759 | 353 939 | 14 025 | 伊犁哈萨克自治州公安局官方微博 |
| | | 深圳交警 | 687 | 1 127 534 | 81 783 | 广东省深圳市公安局交警支队官方微博 |
| | | 宁波公安 | 313 | 237 956 | 11 323 | 宁波市公安局官方微博 |
| | | 灵山公安 | 562 | 1 497 | 6 976 | 灵山县公安局官方微博 |
| | | 陆川公安 | 1 552 | 9 092 | 36 795 | 广西玉林市陆川县公安局官方微博 |
| | | 曲江旅游官方 | 267 | 63 199 | 12 255 | 西安曲江旅游官方微博 |
| | | 西安市旅游局 | 601 | 1 021 187 | 9 136 | 西安市旅游局官方微博 |
| | 草根 | 捌克 | 611 | 230 | 2 669 | 普通用户 |
| | | 美食家大雄 | 2 913 | 1 631 764 | 15 594 | 普通用户 |
| | | 洪哥 Tiger | 2 000 | 2 062 | 96 267 | 普通用户 |
| | | 凭窗眺望 | 1 991 | 4 227 | 67 291 | 微博达人 |
| | 名人 | 刘明刚_MI 互娱 | 503 | 29 324 | 7 014 | 梦想好青年创始人 |
| | | 陈士渠 | 3 406 | 7 003 730 | 20 108 | 公安部打拐办主任 |
| | 教育 | 何兵 | 1 759 | 934 652 | 27 212 | 中国政法大学法学院教授 |
| | 媒体工作者 | 记者宋海龙 | 2 287 | 286 368 | 37 170 | 陕西微博区域媒体人 |

续表

| 事件 | 分类 | 网名 | 关注 | 粉丝数 | 微博 | 所在单位/微博等级 |
|---|---|---|---|---|---|---|
| 故宫事件 | 官方微博 | 财经网 | 946 | 15 787 987 | 97 335 | 财经网官方微博 |
| | | 南方都市报 | 435 | 7 578 880 | 50 863 | 《南方都市报》官方微博 |
| | | VISTA 看天下 | 1 654 | 8 645 697 | 34 476 | 看天下官方微博 |
| | | 网易 LOFTER | 2 015 | 855 501 | 6 638 | 网易图片社区官方微博 |
| | 草根 | 清新重口熊猫叔 | 450 | 881 | 4 213 | LOFTER 资深胶片摄影师 |
| | | 单身的牛大叔 | 781 | 2 647 | 8 589 | 国家一级摄影师 |
| | | 禾口禾口 | 1 978 | 20 000 | 31 203 | 摄影师 |
| | | 两仪双月-立 flag 的隔壁老王 | 1 745 | 2 672 | 9 688 | 摄影师 |
| | | 怪力乱神子非语 | 1 134 | 1 705 | 31 675 | 微博达人 |
| | | bpt19 | 1 054 | 819 | 18 606 | 微博达人 |
| | | 白虎琉璃_ | 802 | 16 411 | 21 665 | 微博达人 |
| | | 破戒坊主 | 688 | 767 | 10 785 | 微博达人 |
| | | 梦晨伤 | 980 | 32 113 | 46 488 | 微博达人 |
| | | 夏宫的刘阳 | 1 055 | 34 211 | 31 344 | 圆明园管理处（当事方） |
| | 媒体工作者 | 我是西蒙周 | 368 | 254 279 | 32 632 | 《香港商报》副总编辑 |
| | | 赵震 JAMES | 1 258 | 802 408 | 30 326 | 《足球》报记者赵震 |
| | | 舒中胜 | 386 | 186 490 | 11 612 | 浙江广播电视集团 |
| | | 王天定 | 1 997 | 91 674 | 30 711 | 媒体观察者 |
| | 名人 | 斯库里 | 991 | 293 077 | 12 454 | 文学评论家 |
| 山海关事件 | 官方微博 | 人民日报 | 1 566 | 45 305 555 | 58 719 | 《人民日报》法人微博 |
| | | 新京报 | 1 417 | 18 785 455 | 57 113 | 《新京报》官方微博 |
| | | 上海黄浦 | 623 | 71 929 | 38 208 | 上海市黄浦区人民政府新闻办官方微博 |
| | | 余杭公安 | 968 | 85 535 | 28 238 | 杭州市公安局余杭区公安分局官方微博 |
| | 草根 | 雾隐新峰 | 1 088 | 3 639 | 39 791 | 普通用户 |
| | | 东风永健 | 1 972 | 11 903 | 22 652 | 普通用户 |
| | | 田地發 | 1 912 | 9 523 | 140 820 | 微博达人 |
| | | 朝辞春 | 1 164 | 447 | 44 919 | 微博达人 |
| | 媒体工作者 | 张丹红在德国 | 86 | 20 839 | 1 916 | 德国之声经济部高级编辑 |
| | | 会看相的兔子 | 4 776 | 2 550 898 | 76 416 | 喜马拉雅签约主播微博签约自媒体 |
| | | 吴铭 | 889 | 70 953 | 12 861 | 学者微博签约自媒体 |
| | 教育 | 王小东 | 658 | 1 748 984 | 43 658 | 北京西城区-著名学者 |
| | 名人 | 面向命运 | 958 | 3 697 235 | 42 589 | 微博知名博主 |

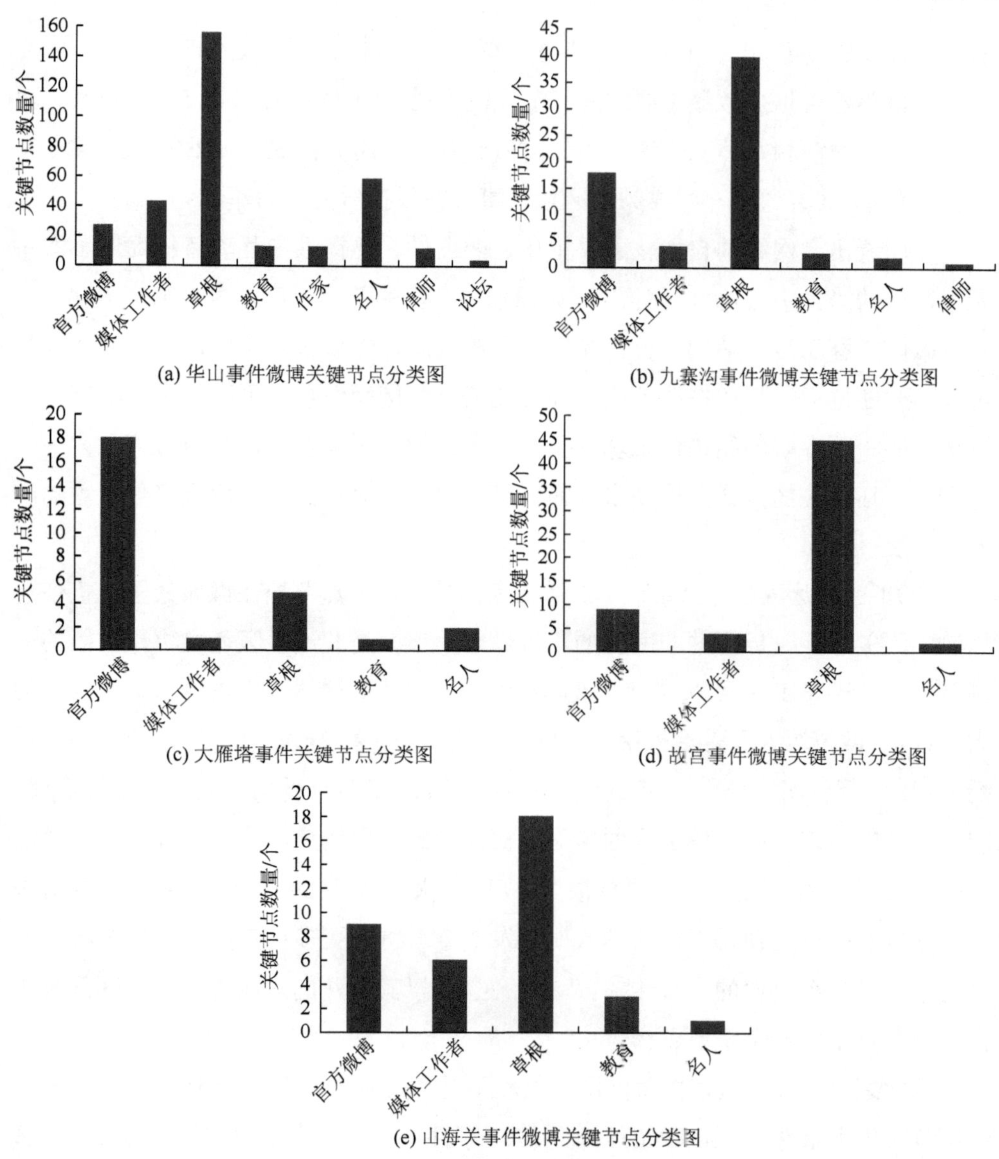


图 4-1　景区危机事件微博关键节点分类图

通过以上分析，可以得出以下结论。

（1）“草根”是景区危机信息在线扩散的主渠道。微博作为一种交流、分享的平台，其公开性使得每个用户既是信息的报道者，又是信息的接受者，普通用户在接受信息的同时又能通过转发、分享等方式将信息传递给其他用户，共享速度快、覆盖范围广、现场感强。在华山事件［图 4-1（a)]、九寨沟事件［图 4-1（b)]、故宫事件［图 4-1（d）］和山海关事件［图 4-1（e）］中，草根（普通用户）成为景区危机事件信息扩散最重要的关键节点，分别占到 44%、59%、53%、49%，而媒体类官方微博和媒体工作者则明显落后于草根，比例在 6%～12%。可以看出，广大“草根”（普通用户）成为景区危机事件在线扩散的主力军。

可以看出，网络的自由化、民主化、匿名性、迅捷性和互动特征促进了网络人际互动的“去中心化”，使得“e 见领袖”产生的范围更广，也更加草根化[10]。同时微博与移动客户端的结合，模糊了危机信息传受双方的角色，使得任何人都可以随时随地通过新的在线社交媒体传递信息和接受信息，不受时空的限制。它以离散的、无中心的结构模式基本实现了用户地位平等参与，利用微博“去中心化”的草根式传播方式，推动事件的多级扩散，从而加深景区危机事件扩散的广度和深度[11]。

（2）“微博达人”是“草根”扩散渠道的核心。虽然草根在微博景区危机信息扩散中至关重要，但是并非所有的草根微博用户都是此次景区危机事件扩散的关键节点。从表 4-1 中可以看出，微博互动量大的“微博达人”占据着草根用户的大部分。“微博达人”是草根用户中的大明星，是一种与 V 认证不同的，面向活跃用户的，但资格和条件比 V 认证低的新型认证。V 认证偏向的是有一定知名度、职业身份的用户，而微博达人面向有真实信息的普通用户，贵在“真实”和“活跃度”。因此“微博达人”是“草根”用户中活跃度较高的一种特殊群体，其众多的粉丝以及关注度使得“微博达人”转发的微博得到更多用户的关注以及转发，进而推动了整个事件的在线传播。“微博达人”以其特殊的影响力成为景区危机事件关键节点中的一个重要群体。

除此之外，有一些草根微博用户虽然不是“微博达人”，但是他们却作为事件亲历者（华山事件）、当事人的朋友（华山事件）或者当事方的工作人员（故宫事件），依然在景区危机事件传播中扮演着重要的角色。虽然这些事件当事人、当事人的朋友或者事件亲历者本身微博活动量并不大，却从默默无闻的草根一夜之间成为网络“名人”，成为重要的关键节点。原因是信息的发布人是事件亲历者，其信息的发布具有真实性，加上目击和经历该事件的旅游者看到该消息后，进行转发并进一步发布关于该事件更详细的情况，引发更多网民的关注和同情，导致更多转发，从而在极短的时间内将危机事件的信息和“现场”扩散到更广大的受众。每当危机发生，第一现场的公众和目击者多利用随身携带的手机或其他具有摄录功能的工具进行即兴的收录，并及时地利用网络等方式进行信息的快速扩散，这就是所谓的“随手照片，第一现场，第一时间”。

（3）“媒体类官方微博”是重要的传播信息源。“官方微博”是微博中用户的一种认证方式，较受公众关注，具有一定的权威性。在 5 个景区危机事件中，“官方微博”整体所占比例仅次于“草根”群体，具有举足轻重的影响力。尤其是“新闻媒体类官方微博”，它在景区危机信息扩散中扮演“信息源”角色。通过分析发现，“媒体类官方微博”所占“官方微博”比例至少在 20%，甚至全部为“媒体类官方微博”（故宫事件），而且多作为信息源。其中，“新京报”“人民日报”“央视新闻”等官方微博出现频次最高，影响力最广。可以看出，“媒体类官方微博”成为景区危机事件的主要发布者，为景区危机事件的及时公布提供了平台，对景区危机信息的传播奠定了基础。

### 4.2.2　不同主体节点在扩散中的效应

除了草根微博在景区危机信息扩散中起到关键“e 见领袖”的引导作用，“官方微博”“名人”和“媒体工作者”依然占据着重要的地位。有研究证明，内容聚合服务商、商务人士和新闻网站所发布的微博往往最能被用户转发[12]。官方微博开始逐渐取代新闻网站成为更具权威性的信息源。虽然名人和官方微博在基数上小于草根，但是他们的微博转发量却远大于草根的微博转发量。通过对在“华山事件”“九寨沟事件”“大雁塔事件”“故宫事件”中起到核心扩散作用的关键节点进行观察和分析，发现不同类型关键节点在景区危机信息在线扩散产生不同的效应，具体结果如下。

（1）景区危机事件在线扩散中“名人效应”不可忽视。从表 4-1 中可知，这些具有社会地位的名人构成了景区危机事件在线扩散过程中不可忽视的力量。他们都是知名的行业精英，如娱乐明星、企业领导人、教育工作者等，他们具有一定的公信力、影响力和权威性，其粉丝和微博互动量是普通草根所远不能及的，他们的一举一动很容易引起粉丝的关注和转发，一旦这些名人对景区危机事件开始进行主动扩散，由于其庞大的粉丝群体所产生的名人效应是无法预估的。

（2）景区危机信息在线扩散中媒体工作者作用滞后但较易形成传播爆发点。从图 4-1 和表 4-1 中可以看出，虽然媒体工作者在数量上明显滞后于草根，但其在危机信息的在线扩散中的爆发性传播作用却比较显著。其滞后可能是由于职业敏感度，事件一开始便引起媒体工作者的关注，但是媒体工作者不能够在第一时间亲临现场，加上其本身职业的素养限制和微博信息碎片化的特点，在没有完全证据的情况下，媒体工作者虽然对事件保持高度的关注，却不能在第一时间下结论进行传播。就这点而言，媒体工作者在景区危机事件扩散的作用显然滞后于草根。但媒体工作者相对于草根，一方面粉丝数量和公信力相对突出，另一方面更容易获取新闻媒体信息资源，他们一旦主动转发扩散景区危机信息，其对公众的影响力是草根无法比拟的，且很容易形成危机信息传播的爆发点。

（3）景区危机信息在线扩散中官方微博的作用日益凸显。所谓官方微博，即企业、团体或政府部门以其企业或政府部门的名称为关键词而建立的微博账号，主要以企业、政府或者权威机构向社会公众、消费者发布与其思想文化、经营理念、品牌、产品和服务等紧密相关的微博资讯。在新浪的平台上，一般都带有认证的标记。也就是说官方微博作为企业、团体或政府等机构传递信息的一种媒介，代表着这些机构的权威性，消费者更信服官方微博所发布的信息。同时，这些官方微博对社会新事物始终保持敏锐，不仅及时发布与之相关的信息，而且会主动参与社会事件中与社会公众保持沟通。另外，官方微博一般会汇集大量基于共同爱好或者兴趣的粉丝，对于官方微博发布的信息，他们更愿意主动地去关注。因此，官方微博促进了公众知情权与参与权的发展，赋予了受众获取信息的主动权，改变了受众被动接受信息的地位，加上这种交互式人机交流界面和信息超文本链接的方式，更为公众进行危机信息扩散提供了便捷之路。

（4）景区危机信息在线扩散中节点群体聚类效应明显。在景区危机信息的在线扩散中，除了草根、名人、官方微博等的突出作用，不同性质类型的危机事件也吸引了特定职业性质的人群，其聚类效应十分明显。从表 4-1 中可以看出，“大雁塔照相门事件”中，涉事照相馆老板的行为涉嫌强迫交易、敲诈勒索，触犯了法律，而相关司法机关在此次事件中的关注度明显较高，其中公安司法机关类官方微博占总体关键节点的 50%，成为该事件传播的主渠道，在传播过程中起到了至关重要的作用。在“故宫裸照事件”中（表 4-1），微博用户职业包括资讯博主、报社编辑、记者、摄影师、广播电视台从业人员等。资讯博主、报社编辑、记者、广播电视台从业人员等职业在微博事件中较常存在，这与媒体从业人员的新闻敏感度有关。而大量摄影师的出现则是因为此次“故宫裸照事件”的事件相关人为摄影师 WANIMAL。由此可见公安司法机关、摄影师对景区危机事件的关注以及转发体现了危机信息在相关行业和领域内的一种扩散渠道，加深了事件在线扩散的广度和深度。

## 4.3　影响关键节点传播的因素分析

在危机事件在线扩散过程中，转发是信息得以扩散的关键。一旦微博被有较多粉丝的网络用户进行转发时，几乎立即被第二、第三等更多次转发，从而比首发的微博更能广泛地进行信息扩散[13]，进而形成更大规模的网络扩散。因此，转发数反映了危机信息扩散的程度。微博用户可以通过关注的功能选择自己喜欢的用户进行关注，对自己热衷的话题进行针对性的跟踪[14]。用户可以成为某个微博用户粉丝，那么该微博用户所有更新的内容就会同步出现在自己的微博首页上。微博用户也可以自己发微博，将自己的所见所闻通过简短的文字发布至微博，或者针对某件事（某个人）通过微博发表自己的看法，即原创微博。那么，这些关键节点的微博一经发出被大量转发与“关注数”“粉丝数”“发微博数”存在什么关系？而“关注数”“粉丝数”“发微博数”作为文本性内容呈现在微博用户的主页上[15]，这些能够明显看到的数据对关键节点微博被转发又会产生什么样的影响？

### 4.3.1　相关性分析

通过提取各个关键节点在微博上的基本文本性信息，包括关键节点的粉丝数、发微博数以及关注数与被转发数，将关键节点在此次危机事件微博的被转发数与其他三个维度进行相关性分析。但各个关键节点的粉丝数、发微博数以及关注数与被转发数的值之间相差比较大，因此对于样本数据进行了标准化处理，将各个变量的数值标准化在 0～1，然后运用 SPSS 工具进行相关性分析，结果如表 4-2～表 4-6 所示。

**表 4-2　“华山事件”相关性分析结果**

| 变量 | | 被转发数 | 关注数 | 粉丝数 | 发微博数 |
|---|---|---|---|---|---|
| 被转发数 | Pearson 相关性 | 1 | 0.617** | 0.984** | 0.861** |
| | 显著性（双侧） | | 0.000 | 0.000 | 0.000 |
| 关注数 | Pearson 相关性 | 0.617** | 1 | 0.559** | 0.909** |
| | 显著性（双侧） | 0.000 | | 0.000 | 0.000 |

续表

| 变量 | | 被转发数 | 关注数 | 粉丝数 | 发微博数 |
|---|---|---|---|---|---|
| 粉丝数 | Pearson 相关性 | 0.984** | 0.559** | 1 | 0.825** |
| | 显著性（双侧） | 0.000 | 0.000 | | 0.000 |
| 发微博数 | Pearson 相关性 | 0.861** | 0.909** | 0.825** | 1 |
| | 显著性（双侧） | 0.000 | 0.000 | 0.000 | |

** 在 0.01 水平（双侧）上显著相关。

**表 4-3 “九寨沟事件”相关性分析结果**

| 变量 | | 被转发数 | 关注数 | 粉丝数 | 发微博数 |
|---|---|---|---|---|---|
| 被转发数 | Pearson 相关性 | 1 | 0.005 | 0.763** | 0.291* |
| | 显著性（双侧） | | 0.968 | 0.000 | 0.016 |
| 关注数 | Pearson 相关性 | 0.005 | 1 | 0.039 | 0.436** |
| | 显著性（双侧） | 0.968 | | 0.755 | 0.000 |
| 粉丝数 | Pearson 相关性 | 0.763** | 0.039 | 1 | 0.267* |
| | 显著性（双侧） | 0.000 | 0.755 | | 0.028 |
| 发微博数 | Pearson 相关性 | 0.291* | 0.436** | 0.267* | 1 |
| | 显著性（双侧） | 0.016 | 0.000 | 0.028 | |

**在 0.01 水平（双侧）上显著相关；
*在 0.05 水平（双侧）上显著相关。

**表 4-4 “大雁塔事件”相关性分析结果**

| 变量 | | 被转发数 | 关注数 | 粉丝数 | 发微博数 |
|---|---|---|---|---|---|
| 被转发数 | Pearson 相关性 | 1 | 0.011 | 0.656** | 0.068 |
| | 显著性（双侧） | | 0.956 | 0.000 | 0.735 |
| 关注数 | Pearson 相关性 | 0.011 | 1 | 0.028 | –0.032 |
| | 显著性（双侧） | 0.956 | | 0.889 | 0.873 |
| 粉丝数 | Pearson 相关性 | 0.656** | 0.028 | 1 | 0.139 |
| | 显著性（双侧） | 0.000 | 0.889 | | 0.488 |
| 发微博数 | Pearson 相关性 | 0.068 | –0.032 | 0.139 | 1 |
| | 显著性（双侧） | 0.735 | 0.873 | 0.488 | |

**在 0.01 水平（双侧）上显著相关。

表 4-5　“故宫事件”相关性分析结果

| 变量 | | 被转发数 | 关注数 | 粉丝数 | 发微博数 |
|---|---|---|---|---|---|
| 被转发数 | Pearson 相关性 | 1 | −0.057 | 0.867** | 0.290* |
| | 显著性（双侧） | | 0.665 | 0.000 | 0.025 |
| 关注数 | Pearson 相关性 | −0.057 | 1 | −0.014 | 0.814** |
| | 显著性（双侧） | 0.665 | | 0.914 | 0.000 |
| 粉丝数 | Pearson 相关性 | 0.867** | −0.014 | 1 | 0.311* |
| | 显著性（双侧） | 0.000 | 0.914 | | 0.016 |
| 发微博数 | Pearson 相关性 | 0.290* | 0.814** | 0.311* | 1 |
| | 显著性（双侧） | 0.025 | 0.000 | 0.016 | |

**在 0.01 水平（双侧）上显著相关；
*在 0.05 水平（双侧）上显著相关。

表 4-6　“山海关事件”相关性分析结果

| 变量 | | 被转发数 | 关注数 | 粉丝数 | 发微博数 |
|---|---|---|---|---|---|
| 被转发数 | Pearson 相关性 | 1 | 0.096 | 0.810** | 0.222 |
| | 显著性（双侧） | | 0.589 | 0.000 | 0.207 |
| 关注数 | Pearson 相关性 | 0.096 | 1 | 0.140 | 0.182 |
| | 显著性（双侧） | 0.589 | | 0.429 | 0.303 |
| 粉丝数 | Pearson 相关性 | 0.810** | 0.140 | 1 | 0.299 |
| | 显著性（双侧） | 0.000 | 0.429 | | 0.086 |
| 发微博数 | Pearson 相关性 | 0.222 | 0.182 | 0.299 | 1 |
| | 显著性（双侧） | 0.207 | 0.303 | 0.086 | |

**在 0.01 水平（双侧）上显著相关。

在一般情况下，相关系数绝对值＞0.8，视为高度相关；0.5≤相关系数绝对值＜0.8，视为中度相关；0.3≤相关系数绝对值＜0.5，视为低度相关；相关系数绝对值＜0.3，相关程度弱，视为基本不相关。通过表 4-2～表 4-6 数据可知，关键节点的微博被转发数与粉丝数、发微博数和关注数的相关性具有一定的差异。

首先，被转发数与粉丝数显著正相关，最低相关系数为 0.656（大雁塔事件），最高为 0.984（华山事件），可以看出两者相关性均在中度及以上。说明关键节点拥有的粉丝数量越多，其发布的景区危机信息的微博越容易被粉丝发现并被进一步地转发，从而引起危机信息越大规模的网络扩散，原因是用户的影响力在一定程度上是由粉丝数来折射的[16]。其次，被转发数与发微博数也存在显著正相关，但相关系数相差较大。“华山事件”中相关系数高达 0.861，两者高度相关。“九寨沟事件”和“故宫事件”相关系数基本一致，但相关系数均小于 0.3，相关程度弱。“大雁塔事件”的相关系数更低。最后，从整体来看，被转发数与关注数相关性并不高。

综上，关键节点微博被转发的可能性与其粉丝数量关系较大，也就是说关键节点的粉丝数越多，其所发布的危机信息被更多粉丝看见的概率就越大，因而传播的可能性就越大。另外，在反映用户主动性的发微博数量上，其与被转发数显著相关，但关系强度却并不稳定，某些事件高度相关，而一些事件则弱相关。此种不稳定的原因，可以从事件数据分析上进行一定的说明。客观上，可能由于九寨沟事件等四个事件的关键节点数量严重少于华山事件，所以在 SPSS 的相关性分析数据中（表 4-2～表 4-6），“九寨沟事件”“大雁塔事件”“故宫事件”“山海关事件”的各相关系数均小于“华山事件”中的数值。此处也是本书需要进一步深入探讨的问题。

### 4.3.2 多元回归分析

为了进一步了解并确定关键节点粉丝数、发微博数和关注数这三个变量对微博被转发数的影响程度，著者用多元回归分析作了进一步的分析。其中，关键节点微博的被转发数为因变量，关键节点粉丝数、发微博数以及关注数作为自变量。具体的多元回归分析中，使用 SPSS 17.0 对因变量和自变量进行多次模型拟合，择优进行分析。回归模型如下：

$$Y = \beta_0 + \beta_1 X_1 + \beta_2 X_2 + \beta_3 X_3 + \varepsilon_i \tag{4-1}$$

式中，$Y$ 为微博被转发数；$X_1$ 为粉丝数；$X_2$ 为发微博数；$X_3$ 为关注数。

为了选择拟合度更高的回归模型，在利用 SPSS 进行数据分析时，选择两种不同的方法进行回归分析，分别是“输入”和“逐步”拟合。两种方法的模型拟合度基本一致。但通过对比 $t$ 检验值，同时结合“逐步”回归法，发现三个自变量（粉丝数、发微博数和关注数）对因变量（被转发数）的解释力度差别较为明显。

1）模型拟合

以关键节点的微博被转发数为因变量，模型整体基本契合，具有一定的解释力（表 4-7）。所有景区危机事件的显著值均小于 0.01（$p=0.000<0.01$），效果显著。其中，对因变量的解释量即 $R^2$ 在 43.1%～97.6%，调整后的 $R^2$ 取值在 40.8%～97.6%，说明三个独立变量（粉丝数、发微博数、关注数）可以解释微博被转发量至少 40%的变化量，甚至高达 98%。

**表 4-7　模型汇总结果**

| 事件 | $R^2$ | 调整 $R^2$ | $F$ | Sig. |
|---|---|---|---|---|
| 华山事件 | 0.976 | 0.976 | 3997.571 | 0.000 |
| 九寨沟事件 | 0.584 | 0.564 | 29.916 | 0.000 |
| 大雁塔事件 | 0.431 | 0.408 | 18.921 | 0.000 |
| 故宫事件 | 0.767 | 0.755 | 61.545 | 0.000 |
| 山海关事件 | 0.657 | 0.622 | 19.124 | 0.000 |

2）$t$ 检验

$t$ 检验是用来检验自变量是否对因变量具有显著的解释力，回归系数 $\beta$ 用来检测影响程度（表 4-8～表 4-12）。

**表 4-8　“华山事件”回归分析结果**

| 模型 | 非标准化系数 | | 标准系数 | $t$ | Sig. | 相关性 | | | 共线性统计量 | |
|---|---|---|---|---|---|---|---|---|---|---|
| | $B$ | 标准误差 | 试用版 | | | 零阶 | 偏 | 部分 | 容差 | VIF |
| （常量） | −0.001 | 0.001 | | −0.818 | 0.414 | | | | | |
| 关注数 | 0.004 | 0.017 | −0.009 | −0.246 | 0.806 | 0.617 | −0.014 | −0.002 | 0.060 | 16.779 |
| 粉丝数 | 0.971 | 0.031 | 0.854 | 31.215 | 0.000 | 0.984 | 0.878 | 0.282 | 0.109 | 9.185 |
| 发微博数 | 0.140 | 0.046 | 0.165 | 3.031 | 0.003 | 0.861 | 0.175 | 0.027 | 0.028 | 36.220 |

**表 4-9　“九寨沟事件”回归分析结果**

| 模型 | 非标准化系数 | | 标准系数 | $t$ | Sig. | 相关性 | | | 共线性统计量 | |
|---|---|---|---|---|---|---|---|---|---|---|
| | $B$ | 标准误差 | 试用版 | | | 零阶 | 偏 | 部分 | 容差 | VIF |
| （常量） | 26.264 | 12.653 | | 2.076 | 0.042 | | | | | |
| 关注数 | −0.004 | 0.011 | −0.036 | −0.388 | 0.700 | 0.005 | −0.048 | −0.031 | 0.743 | 1.346 |
| 粉丝数 | $1.583\times10^{-5}$ | 0.000 | 0.763 | 9.430 | 0.000 | 0.763 | 0.763 | 0.761 | 0.994 | 1.006 |
| 发微博数 | $5.081\times10^{-5}$ | 0.000 | 0.023 | 0.250 | 0.803 | 0.066 | 0.031 | 0.020 | 0.739 | 1.353 |

**表 4-10 “大雁塔事件”回归分析结果**

| 模型 | 非标准化系数 | | 标准系数 | t | Sig. | 相关性 | | | 共线性统计量 | |
|---|---|---|---|---|---|---|---|---|---|---|
| | B | 标准误差 | 试用版 | | | 零阶 | 偏 | 部分 | 容差 | VIF |
| （常量） | 36.038 | 35.909 | | 1.004 | 0.326 | | | | | |
| 关注数 | 0.000 | 0.018 | −0.008 | −0.052 | 0.959 | 0.011 | −0.011 | −0.008 | 0.998 | 1.002 |
| 粉丝数 | $1.000\times10^{-5}$ | 0.000 | 0.660 | 4.154 | 0.000 | 0.656 | 0.655 | 0.653 | 0.980 | 1.021 |
| 发微博数 | $-8.677\times10^{-5}$ | 0.001 | −0.024 | −0.150 | 0.882 | 0.068 | −0.031 | −0.024 | 0.979 | 1.021 |

**表 4-11 “故宫事件”回归分析结果**

| 模型 | 非标准化系数 | | 标准系数 | t | Sig. | 相关性 | | | 共线性统计量 | |
|---|---|---|---|---|---|---|---|---|---|---|
| | B | 标准误差 | 试用版 | | | 零阶 | 偏 | 部分 | 容差 | VIF |
| （常量） | 16.553 | 4.413 | | 3.751 | 0.000 | | | | | |
| 关注数 | −0.010 | 0.005 | −0.243 | −1.917 | 0.060 | −0.057 | −0.248 | −0.124 | 0.259 | 3.868 |
| 粉丝数 | $9.432\times10^{-6}$ | 0.000 | 0.788 | 10.163 | 0.000 | 0.867 | 0.805 | 0.655 | 0.691 | 1.447 |
| 发微博数 | 0.000 | 0.000 | 0.242 | 1.818 | 0.074 | 0.290 | 0.236 | 0.117 | 0.234 | 4.281 |

**表 4-12 “山海关事件”回归分析结果**

| 模型 | 非标准化系数 | | 标准系数 | t | Sig. | 相关性 | | | 共线性统计量 | |
|---|---|---|---|---|---|---|---|---|---|---|
| | B | 标准误差 | 试用版 | | | 零阶 | 偏 | 部分 | 容差 | VIF |
| （常量） | $-2.079\times10^{-17}$ | 0.105 | | 0.000 | 1.000 | | | | | |
| 关注数 | −0.015 | 0.109 | −0.015 | −0.137 | 0.892 | 0.096 | −0.025 | −0.015 | 0.959 | 1.043 |
| 粉丝数 | 0.818 | 0.113 | 0.818 | 7.265 | 0.000 | 0.810 | 0.798 | 0.777 | 0.903 | 1.108 |
| 发微博数 | −0.020 | 0.113 | −0.020 | −0.175 | 0.862 | 0.222 | −0.032 | −0.019 | 0.891 | 1.123 |

首先，关键节点的粉丝数对微博的被转发数有显著的正向影响，$t$ 值相对另外 2 个自变量最高。其中，“华山事件”的 $t$ 检验值最高，为 31.215（$p=0.000<0.01$），“故宫事件”为 10.163（$p=0.000<0.01$），“九寨沟事件”为 9.430（$p=0.000<0.01$），“山海关事件”为 7.265（$p=0.000<0.01$），“大雁塔事件”为 4.154（$p=0.000<0.01$）。这与之前的研究具有一致性[17]，说明粉丝数是关键节点影响力的有力证明，关键节点拥有的粉丝数越多，其所发布的景区危机信息被阅读和转发的可能性就越高，信息的扩散程度就越高，进而产生的影响力越大。

其次，关键节点的发微博数与关键节点的微博被转发数之间正相关，但并不显著。除了“华山事件”的 $t$ 检验值为 3.031（$p=0.003<0.01$），具有一定显著关系，其他景区危机事件的检验并不显著（$p>0.05$）。表明微博用户过去发布的微博数量并不能用来说明或预测该用户的微博可转发性，也就是说在微博中向受众频繁地扩散消息并不一定会导致受众更高的参与度[18]。

最后，关键节点的关注数与其微博被转发数没有显著的正向关系，说明关键节点本身的微博关注数对于其微博的被转发数没有直接的影响。原因可能是相对于粉丝数和发微博数来说，关注作为一种主动行为，本身的数量比较小。新浪微博的群体大致可以分为两种，“名人”和“草根”群体，这些名人在媒体频繁亮相，为大众所熟知，因此他们的粉丝数比较大，但是由于身份的不对等可能导致这些行业精英对他人的关注特别是普通草根的关注基本上很少，也就是说“名人”和“草根”之间出现了不对等的关注。此外研究发现，粉丝量众多的用户，不一定会关注很多的用户[19]，所以其本身的关注数不是其微博被转发数多的直接原因。名人和关注他们的粉丝数相比，数量上悬殊，因此，名人微博用户成为微博传播的中心，任何一条发布的信息都会受到数目庞大的粉丝的关注[20]。

## 4.4 小　结

通过上述分析可知，关键节点在在线社交媒体危机信息扩散过程中扮演着重要角色。首先，在景区危机信息的微博扩散过程中，“草根”成为景区危机信息扩散的最主要群体，颠覆了人们对传统危机信息扩散过程中媒体和政府占据主导地位的理解。“草根”中，特别是微博达人，他们粉丝众多且在微博的使用过程中较为活跃，有着并不亚于名人微博的影响力。其次，“名人效应”突出，微博特有的身份认证，缩短了大众和名人之间的距离，让名人本身所具有的“号召力”最大化，是景区危机信息在在线社交媒体扩散不可忽视的主体。再次，具有职业敏感性的“媒体工作者”具有一定的信息引爆能力。而官方微博的作用也日益凸显，尤其是“媒体类官方微博”更易成为信息源。最后，危机事件中相关行业和领域内的职业人群也成为一种独特的扩散渠道，具有一定的聚类效应。

此外，关键节点的微博粉丝数、发微博数以及关注数是影响关键节点危机信息被转发数的关键因素，关键节点的粉丝数对微博的被转发数有显著的正向影响，关键节点的发微博数和关注数对微博的被转发数没有直接的影响。换句话说，关键节点拥有的粉丝数越多，其微博危机信息的传播和扩散程度就越大，所引起的影响就越强烈。

影响危机信息传播的可计算因素多样且复杂，既包括关键节点在信息扩散中所担当的角色和节点用户的活动性，又包括被传播信息的属性等方面，甚至包括信息受众之间的沟通方式等。此部分的研究主要以关键节点类型及传播角色、用户活动性及影响力两方面进行重点探讨。而有关危机信息本身的属性以及信息主题类型与用户之间的相关性等问题暂不涉及，但也同时为以后的研究提供了深入的方向。例如，从景区危机事件本身的性质，即信息自身角度来讲，不同的事件信息对同一用户的吸引程度不同。在本书中，“华山事件”涉及人身伤害，更关乎人们自身的安全问题，其关注度更高，在分析中所提取的关键节点数量也体现了这一点。但同样发生在“十一黄金周”期间的“九寨沟事件”，却并未涉及人身安全问题，并且景区的应对措施较为及时。再如“大雁塔事件”是关于不良商贩的违法敲诈事件，此事件更多地引起了相关公安司法机关的转发和相关知识的普及，而草根对此的关注度热情亦不高。“故宫事件”则引起了全民的道德行为与行为艺术的争议，关注度较高。除了事件本身的性质，新闻媒体等在进行报道过程中，所拟标题的“吸睛程度”也可能引起不同程度的关注度。在实际生活中，一些哗众取宠或寻找噱头的“标题党”更容易博取大众的关注度。另外，突发事件发生情况下人与人之间的沟通模式同样会对信息扩散和应急管理产生至关重要的影响。但对景区危机信息属性和用户属性的定量刻画与度量仍是此领域研究的重点和难点，正如本书中对用户即关键节点类型及传播角色、用户活动性及影响的探讨和研究。

## 参 考 文 献


[1] 李军，陈震，黄霁崴. 微博影响力评价研究[J]. 信息网络安全，2012，(3)：10-13.

[2] Asur S，Yu L，Huberman B A. What Trends in Chinese Social Media[EB/OL]. [2011-07-19]. https://www.researchgate.net/publication/51917512_What_Trends_in_Chinese_Social_Media.

[3] 李先灵. “E 时代”中国特色社会主义理论的传播策略[J]. 学习月刊，2010，(11)：7.

[4] 杭璐. 我国明星微博的传播效果研究——以新浪微博为例[D]. 上海：华东师范大学，2012.

[5] 谢耕耘，荣婷. 微博舆论生成演变机制和舆论引导策略[J]. 现代传播，2011（5）：70-74.

[6] 施怿. 微博在危机事件中的传播特点和效果研究[D]. 武汉：华中科技大学，2011.

[7] 谢耘耕，荣婷. 微博传播的关键节点及其影响因素分析——基于 30 起重大舆情事件微博热帖的实证研究[J]. 新闻与传播研究，2013，（3）：5-15.

[8] 韩笑飞. 旅游业危机管理研究[D].武汉：华中师范大学，2006.

[9] 郭海霞. 新型社交网络信息传播特点和模型分析[J]. 现代情报，2012，32（1）：56-59.

[10] 毕宏音. 微博热潮下的网络意见领袖变化趋势[J]. 新闻与传播研究，2011，（15）：4-6.

[11] 赵金，罗会祥，刘兴亮，等. 微博预测[J]. 青年记者，2009，（11）：53-55.

[12] Cha M，Hadadi H，Benevenuto F，et al. Measuring user influence in Twitter：The million follower fallacy[C]. Proceedings of the Fourth International Conference on Weblogs and Social Media，ICWSM 2010. Washington D C，2010.

[13] Kwak H，Lee C，Park H，et al. What is Twitter，a social network or a news media[C]. Proceedings of the 19th international conference on World Wide Web. New York：ACM Press，2010：591-600.

[14] 白麟. 从“新浪微博”看微博的传播力[J]. 青年文学家，2010，（14）：242-243.

[15] Ye S Z，Wu S F. Measuring message propagation and social influence on Twitter. com[C]. Proceedings of the Second international conference on Social informatics. Heidelberg：Springer-Verlag Press，2010：216-231.

[16] 李军，陈震，黄霁崴，等. 微博影响力评价研究[J]. 信息网络安全，2012，（3）：10-13.

[17] Suh B，Hong L，Pirolli P，et al. Want to be retweeted? Large scale analytics on factors impacting retweet in twitter network[C]. Social Computing（SocialCom），2010 IEEE Second International Conference on. Minneapolis：IEEE Computer Society Press，2010：177-184.

[18] 许小可，胡海波，张伦，等. 社交网络上的计算传播学[M]. 北京：高等教育出版社，2015.

[19] 田占伟. 基于复杂网络的微博信息传播研究[D]. 哈尔滨：哈尔滨工业大学，2012.

[20] 杨承程. 新浪名人微博的传播特征研究[D]. 沈阳：辽宁大学，2012.

# 第 5 章　危机信息扩散的历时性分析

关键节点的时间变化规律对引导危机信息扩散有着至关重要的作用，本章在整体把握关键节点在危机信息扩散中大的时间变化趋势的同时，具体分析危机信息在一天 24 小时内局部的时间变化特征，以及局部小时间内一、二级关键节点间的传播时间。

## 5.1　信息扩散的整体变化趋势分析

在整体把握景区危机信息扩散的时间变化趋势时，以“九寨沟滞留事件”“大雁塔照相门事件”“故宫裸照事件”“山海关 5A 景区资质取消事件”为例，选取各危机事件中 4～6 条转发量较大的且具有代表性扩散源的微博，进行持续跟踪和数据抓取，从其微博发布的时刻开始，以每 0.5 小时为时间段，统计每 0.5 小时关键节点的转发次数。统计各事件扩散源的活跃高峰期，分析关键节点的时间活跃度，并将这些微博关键节点出现的时间进行重合，从整体的角度对关键节点出现的时间进行梳理，了解景区危机事件的信息在微博发出后关键节点总体时间变化趋势，以便在景区危机事件发生后，能在最有效的时间内找到关键节点，控制关键节点对景区危机信息的扩散。

### 5.1.1　关键节点时间活跃度分析

景区危机信息从危机事件发生到危机信息传播直至消退，关键节点数量及转发量随时间的推进具有其相应的起伏变化。从关键节点活跃度角度，梳理“九寨沟滞留事件”“大雁塔照相门事件”“故宫裸照事件”“山海关 5A 景区资质取消事件”的微博关键节点出现的时间和转发量峰值，统计危机信息传播的活跃时间，分析各关键节点在时间活跃上所呈现的特点。统计结果如表 5-1 所示，可以看出，景区危机事件发生后，微博关键节点的活跃度具有以下特征。

**表5-1　关键节点微博出现时间和转发情况**

| 事件 | 信息源 | 发微博时间 | 关键节点活跃度最高峰时间 | 距微博发出时间 | 关键节点活跃度高的次级高峰时间 | 距离微博发出时间 | 微博转发量 |
|---|---|---|---|---|---|---|---|
| 九寨沟滞留事件 | 东方早报 | 15：03 | 16：00～16：30 | 1～1.5小时 | 16：00～16：30<br>18：00～18：30<br>19：30～20：00<br>22：30～23：00 | 1～1.5小时<br>3～3.5小时<br>4.5～5小时<br>7.5～8小时 | 240<br>—<br>—<br>— |
| | 广州日报 | 16：20 | 16：20～16：30 | 0～10分钟 | 16：20～16：30 | 0～10分钟 | 130 |
| | 财经网 | 16：23 | 16：23～16：30 | 0～10分钟 | 16：23～16：30<br>18：30～19：00<br>20：30～21：00 | 0～10分钟<br>2～2.5小时<br>4～4.5小时 | 191<br>22<br>1 |
| | 人民日报 | 16：24 | 16：24～16：30 | 0～10分钟 | 16：24～16：30<br>18：00～18：30<br>20：30～21：00 | 0～10分钟<br>1.5～2小时<br>4～4.5小时 | 437<br>287<br>56 |
| | 央视新闻 | 17：57 | 22：0～22：30 | 4～4.5小时 | 18：30～19：00<br>20：30～21：00<br>22：00～22：30 | 0.5～1小时<br>2.5～3小时<br>4～4.5小时 | 429<br>303<br>779 |
| 大雁塔照相门事件 | 新浪陕西 | 11：24① | 13：00～13：30② | 2天 | 13：00～13：30<br>20：30～21：00<br>21：30～22：00 | 2天<br>2天+<br>2天+ | 37<br>35<br>23 |
| | 人民日报 | 11：28 | 11：30～12：00 | 2～32分钟 | 11：28～11：30<br>11：30～12：00<br>16：30～17：00 | 0～2分钟<br>2～32分钟<br>5～5.5小时 | 151<br>161<br>110 |
| | 公安部打四黑除四害 | 9：42 | 9：42～10：00 | 0～18分钟 | 9：42～10：00<br>11：30～12：00 | 0～18分钟<br>1小时50分钟～2小时20分钟 | —<br>— |
| | 央视新闻 | 11：43 | 11：43～12：00 | 0～17分钟 | 11：30～12：00<br>21：30～22：00 | 0～17分钟<br>9小时47分钟～10小时17分钟 | 364<br>— |
| | 华商网 | 14：50 | 14：50～15：00 | 0～10分钟 | 14：50～15：00 | 0～10分钟 | 11 |
| | 中国经营报 | 18：40 | 18：40～19：00 | 0～20分钟 | 18：30～19：00 | 0～20分钟 | 32 |
| 故宫裸照事件 | 新京报 | 09：55 | 09：55～10：30 | 0～35分钟 | 09：50～10：30<br>16：30～17：00③ | 0～35分钟<br>7天+ | 66<br>31 |
| | 财经网 | 16：24 | 20：00～20：30 | 3小时36分钟～4小时 | 16：24～18：30<br>20：00～00：30<br>11：30～13：00④ | 0～3小时36分钟<br>3小时36分钟～4小时<br>7天+ | 150<br>252<br>74 |
| | VISTA看天下 | 11：02 | 11：02～11：30 | 0～28分钟 | 11：02～11：30<br>17：30～20：00<br>21：00～22：30⑤ | 0～28分钟<br>5～9.5小时<br>1天+ | 103<br>66<br>60 |

① 2014年10月3日。
② 2014年10月5日。
③ 2015年6月8日。
④ 2015年6月8日。
⑤ 2015年6月2日。

续表

| 事件 | 信息源 | 发微博时间 | 关键节点活跃度最高峰时间 | 距微博发出时间 | 关键节点活跃度高的次级高峰时间 | 距离微博发出时间 | 微博转发量 |
|---|---|---|---|---|---|---|---|
| 故宫裸照事件 | 网易 LOFTER | 12：45 | 12：45～13：30 | 0～45 分钟 | 12：45～13：30<br>21：30～22：00 | 0～45 分钟<br>8 小时 45 分钟～9 小时+ | 47<br>11 |
| | 北京人不知道的北京事儿 | 10：15 | 10：15～10：30 | 0～15 分钟 | 10：15～10：30<br>10：30～11：00 | 0～15 分钟<br>15～45 分钟 | 128<br>105 |
| | 南方都市报 | 11：48 | 11：48～13：30 | 0～1 小时 42 分钟 | 11：48～13：30<br>19：00～21：00<br>21：30～23：00[1] | 0～1 小时 42 分钟<br>7～9 小时<br>1 天+ | 99<br>82<br>67 |
| 山海关 5A 景区资质取消事件 | 财经网 | 18：00 | 18：02～18：30 | 0～30 分钟 | 19：30～20：00<br>18：30～19：00<br>20：00～20：30<br>19：00～19：30 | 1.5～2 小时<br>0.5～1 小时<br>2～2.5 小时<br>1～1.5 小时 | 94<br>92<br>57<br>53 |
| | 人民日报 | 19：24 | 19：24～20：00 | 0～36 分钟 | 20：30～21：00<br>23：00～23：30<br>21：00～21：30 | 1～1.5 小时<br>3.5～4 小时<br>1.5～2 小时 | 374<br>345<br>214 |
| | 新京报 | 19：33 | 19：33～20：00 | 0～27 分钟 | 20：30～21：00 | 1～1.5 小时 | 114 |
| | 央视财经 | 17：46 | 17：46～18：00 | 0～14 分钟 | 19：00～19：30<br>18：30～19：00 | 1 小时～1 小时 44 分钟<br>44 分钟～1 小时 14 分钟 | 18<br>11 |
| | 头条新闻 | 06：16 | 06：30～07：00 | 14～44 分钟 | 06：16～06：30 | 0～14 分钟 | 161 |

（1）关键节点基本在 0.5～1 小时内就会开始形成微博转发的最高潮。分析微博关键节点转发活跃度时间段（表 5-1），可以看出，约 77%的信息源微博的关键节点在 0.5 小时之内快速形成转发最高峰，产生第一轮的危机信息扩散高潮，且首轮的危机信息传播强度较随后的任何活跃时间段都高。第一波传播高峰后的 1～2 小时内又会形成一个小规模的转发高潮，随后开始呈现逐渐递减的趋势。因此，在景区危机事件的管控上，若能在 30 分钟～2 小时控制好关键节点对于景区危机信息的扩散，尤其是意见领袖，就可以优化信息传播，避免景区危机事件在网络上造成更大范围的影响。

（2）新闻媒体类官方微博的转发活跃度较其他微博更具时效性。非新闻媒体类微博的关键节点危机信息传播的时间变化规律大体上呈现出随着时间的推移和事件的获知度的波动而增加，微博转发的数量呈现逐步增加的趋势，最终达到微博转发的最高峰。新闻媒体类官方微博关键节点危机信息扩散的时间

① 2015 年 6 月 2 日。

变化规律则呈现出微博发出后关键节点的转发在短时间内急速增加达到最高值然后迅速回落的变化趋势，且全国性媒体官方微博较地方性媒体官方微博更早达到转发最高峰，如“大雁塔照相门事件”中最早发布此消息的“新浪陕西”并未引起较大的关注，直至被“人民日报”等官方微博转发才引起较大范围的转发和关注。说明媒体类官方微博影响范围越大，其景区危机信息扩散的时效性就越强。

（3）信息源账户的再次转发或跟踪报道能持续引起信息扩散的高潮。危机信息扩散时间以及波动趋势除了受关键节点影响，信息源账户类型的影响也不容忽视，特别是媒体类官方微博的跟踪报道。以“故宫裸照事件”为例，信息源“新京报”和“南方都市报”均在首轮转发最高峰后的再次转发引起次一级的扩散高潮。由于新闻媒体自身的特性，媒体会对危机事件进行跟踪报道，这样就推动危机信息的在线扩散进入一次又一次转发高潮，并且延长了危机信息的在线扩散时间，直到危机事件出现结果才真正进入信息扩散的消退期。鉴于此，景区危机管理部门可利用官方媒体的公开性以及时效性特点在危机得到处理后借其跟踪报道景区危机的处理结果，从而修复景区危机事件中破坏的形象。

### 5.1.2　关键节点整体时间变化趋势

为了更好地发现关键节点在景区危机信息扩散过程中的时间活跃变化态势，将“九寨沟滞留事件”等 4 个危机事件各自微博的关键节点出现的时间进行叠加，得到各危机事件信息在线传播的关键节点活跃度的时间变化趋势图，分析如下。

“九寨沟滞留事件”中的关键节点在事件首日活跃度较大，出现了 4 次大的转发高峰（图 5-1）。第一次高峰在 16：00～16：30，总转发量达到 998 条，并且成为 24 小时内转发量的最高峰。第二次高峰出现在 18：00～18：30，总转发量为 736 条。第三次转发高峰是 19：00～19：30，总转发量为 579 条，明显低于前两次转发高峰。在 19：00～22：00，关键节点的转发量呈现出逐渐下降的趋势，而 22：00 以后，关键节点转发数量开始急速上升，形成又一轮大的转发高峰，总转发量为 837 条，最终达到仅次于最高峰的峰值。23：00 之后，转发量开始下降，至凌晨再也没有形成转发高峰。四个大的转发高峰中，除最高峰外（16：00～16：30），其他三个转发高峰均处于晚高峰（17：31～03：30）。

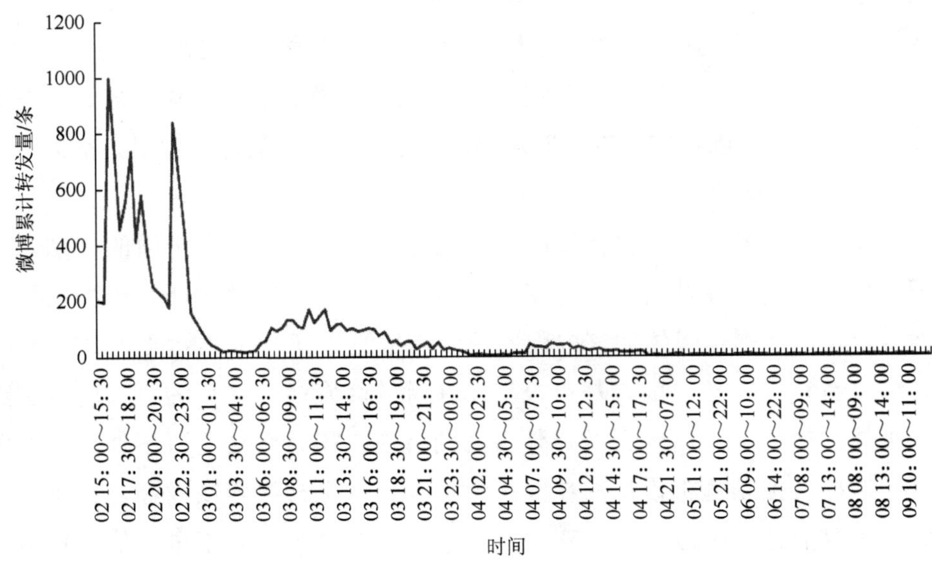


图 5-1　“九寨沟滞留事件”关键节点活跃度的时间变化趋势图

“大雁塔照相门事件”的微博关键节点活跃度的高峰时间段集中在 2014 年 10 月 5 日的 9：30～23：00，持续出现了大小不等的 7 次高峰（图 5-2）。当天 9：30～

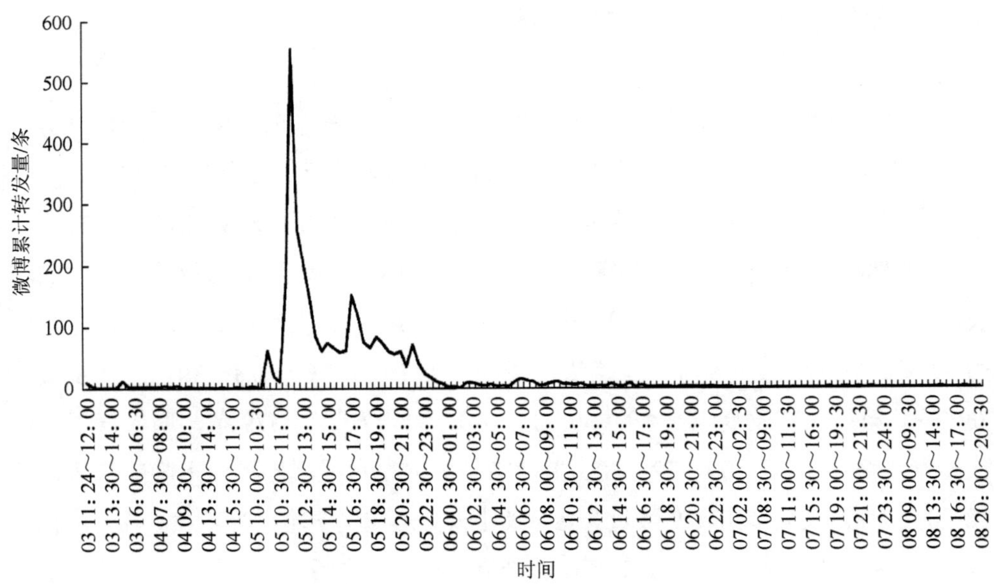


图 5-2　“大雁塔照相门事件”关键节点活跃度的时间变化趋势图

10：00 出现第一个小高峰，转发量达 63 条；随后 11：30～12：00，出现第二个高峰，也是关键节点活跃程度最高的时刻，转发量达 555 条。此次最高峰主要是由于信息源“央视新闻”于 11：42 发出了此事件的微博，形成了大的高峰期。排在第二位的高峰值出现在 5 日的 16：30～17：00，转发量达 152 条，在此时间段内，由信息源“人民日报”发出了事件微博，形成高峰值。此次事件中，比较突出的转发高峰多处于早高峰阶段。整体来看，10 月 3～4 日，整体转发量小，处于事件的“酝酿期”；10 月 5 日整体呈上升趋势，转发量最大，持续时间长，波动幅度大，危机事件开始爆发并蔓延；10 月 6 日之后转发量持续下降，事件影响开始消退，直至进入“消退期”。

“故宫裸照事件”总体波动趋势呈现出两端高峰、中间平稳的趋势，此次危机事件主要形成了五次转发高峰（图 5-3）。最早发布信息的 6 月 1 日 9：50，关键节点就形成了一个转发高峰，总体转发量达 194 条。随后的 9：50～12：30 形成一个持续高峰，总体转发量达 794 条，其中的最高峰发生在 11：00～11：30，转发量达 204 条。这个阶段持续时间较长主要是由于“新京报”“北京人不知道的北京事儿”“VISTA 看天下”“南方都市报”“网易 LOFTER”作为信息源先后发布信息引起的转发高潮。16：30～17：00 进入第二次转发高峰，这个时间段是由于“财经网”作为信息源的信息发布引起的一次转发高峰，转发量达 179 条。第三次转发高峰出现在 6 月 1 日的 19：30～22：30，此阶段转发高峰依然持续较久，并

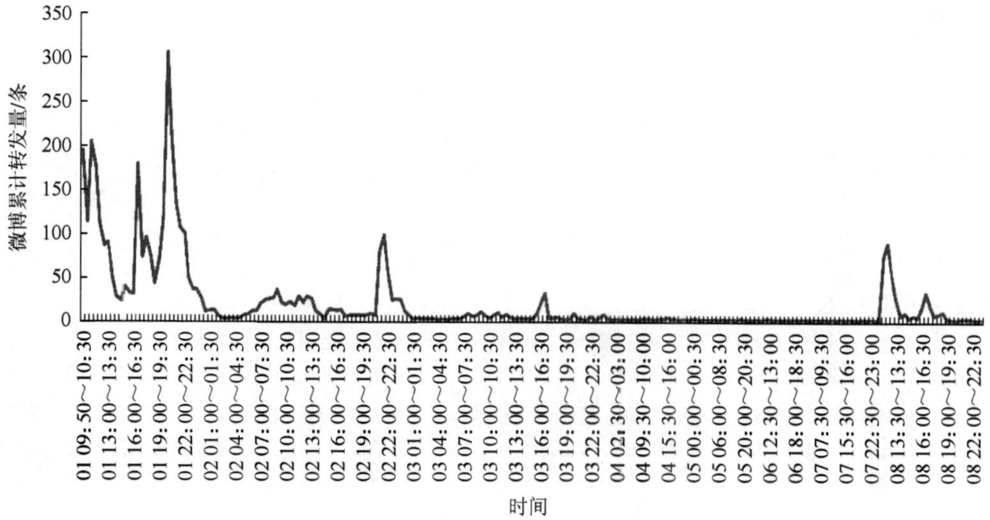


图 5-3　“故宫裸照事件”关键节点活跃度的时间变化趋势图

成为整个事件的转发最高峰，最高峰值出现在 20：00～20：30，转发量高达 305 条。第二天转发量开始明显下降，中间略有波动后又有明显回升。在 6 月 2 日 21：00～22：30 进入第四次转发高峰，但转发量明显低于前三次转发高峰，并没有形成大的转发高峰，在 21：30～22：00 达到转发高峰值 98 条。进入第三天之后整体转发量再次下降并趋近于 0。在将近五天的长时间沉默期后，6 月 8 日的 11：30～12：30 关键节点进入第五次转发高峰，并在 12：00～12：30 达到转发高峰值 89 条。依然没有形成大的转发高峰。6 月 8 日之后转发量急剧下降并趋近于 0，再也没有形成转发高峰。总体趋势就是“高潮—平坦—再小高潮”的两端高峰、中间平坦的变化。

“山海关 5A 景区资质取消事件”关键节点的转发出现了 3 次连续的活跃时间段，较大峰值集中在 10 月 9～10 日，尤其是信息发布的首日就出现了 3 个连续的转发高峰（图 5-4）。信息最早发布于 10 月 9 日的 17：46，当日出现关键节点的第一个活跃时间段，共 3 次转发高峰。信息发布至当日 19：30～20：00，关键节点转发量就达到了此次事件传播的最高峰，转发量为 942 条。随后在 20：30～21：00 转发量为 624 条，形成第 2 个高峰，直至 23：00～23：30 出现第 3 个高峰，转发量达到 384 条。进入 10 月 10 日后，出现了一个波峰较缓的关键节点活跃时间段，此活跃时间段的关键节点转发量维持在 100～200 条，其峰值出现

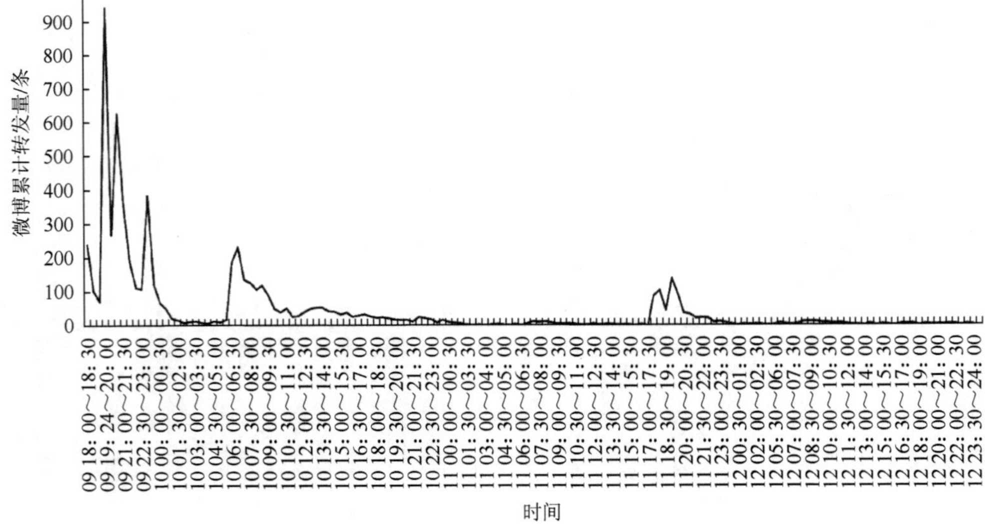


图 5-4　“山海关 5A 景区资质取消事件”关键节点活跃度的时间变化趋势图

在 06：30～07：00，转发量为 230 条。随后转发量持续下降且直至 10 月 11 日的第三个活跃时间段，未出现较为明显的波动。第三个活跃时间段在 17：30～20：00 的晚高峰，其峰值出现在 19：00～19：30，转发量为 138 条。与“故宫裸照事件”较为相似，“山海关 5A 景区资质取消事件”关键节点的活跃态势整体亦呈现了“高潮—平坦—再小高潮”的波动。

综上分析，在社交网络环境中，景区危机信息扩散的关键节点时间变化趋势存在明显的特征，具体结论如下。

（1）关键节点微博转发的时间存在明显的早高峰和晚高峰。“九寨沟滞留事件”集中在下午和晚上的 16：00～23：00（16：00～16：30、18：00～18：30、19：00～19：30、22：00～23：00）；“大雁塔照相门事件”主要集中在早高峰的 09：30～12：00（9：30～10：00、11：30～12：00）和晚高峰的 16：30～17：00；“故宫裸照事件”集中在早高峰的 9：50～13：30（11：00～11：30、11：30～12：30）和晚高峰的 19：30～22：30（20：00～20：30、21：00～22：30）；“山海关 5A 景区资质取消事件”集中在 19：30～23：30（19：30～20：00、20：30～21：00、23：00～23：30）。

（2）早高峰传播的强度大于晚高峰，但晚高峰持续的时间长于早高峰。4 个景区危机事件的关键节点活跃时间中，“大雁塔照相门事件”和“故宫裸照事件”的微博转发均有早晚高峰，“大雁塔照相门事件”的最高峰出现在早高峰，且累计转发量最高，晚高峰则为持续性次高峰的延续。“九寨沟滞留事件”和“山海关 5A 景区资质取消事件”则集中在晚高峰阶段。具体来看，“大雁塔照相门事件”中的最高峰出现在早高峰的 11：30～12：00，之前也有一个小高峰在 9：30～10：00，早高峰历时约 2 小时，累计转发 618 条，而晚高峰发生在 16：30～23：00，持续约 6 小时，转发高峰出现在 16：30～17：00，转发量为 152 条。“故宫裸照事件”集中于早高峰的 9：50～13：30（11：00～11：30、11：30～12：30）历时 3.5 小时，累计转发 883 条，晚高峰的 19：30～22：30（20：00～20：30、21：00～22：30）历时 5 小时，累计转发 582 条。“九寨沟滞留事件”和“山海关 5A 景区资质取消事件”的微博转发扩散时间集中在晚高峰阶段的 16:00～23：00。可以看出，虽然早高峰的转发高峰较多且强度大，但晚高峰的扩散时间更为持久。

（3）关键节点转发扩散的时间变化具有明显的阶段差异性。微博关键节点的转发量会随着时间的推移和事件被知晓程度的增加呈现波动状态，即微博关键节点危机信息传播的时间变化规律大体上呈现出随着时间的推移和事件的获知度的波动而增加，微博转发的数量呈现逐步增加的趋势，其关键节点活跃度呈现幅度较大的波动状态，直至关键节点活跃度达到最高峰，且转发强度比较大，而后随着时间的推移，才开始出现关键节点转发量递减的趋势。整个历时过程中有重复阶段，但总体上经历了“酝酿期”—“爆发期”—“蔓延期”—“沉默期”—“消退期”。具体来看，“九寨沟滞留事件”危机信息的扩散在很短的时间内迅速爆发，在首日的晚高峰不断出现转发扩散的高峰，直至次日凌晨开始进入较长的沉默期，偶有小高峰，但基本开始呈现消退态势。“大雁塔照相门事件”具有较长的“酝酿期”，直至被影响力更大的“央视新闻”转发，危机信息扩散开始大规模爆发，随后持续性地在微博中蔓延扩散，到 10 月 6 日微博转发量无较大波动，危机信息扩散趋于沉默并慢慢消退。“故宫裸照事件”和“山海关 5A 景区资质取消事件”的整体变化态势较为一致，事件一经爆出，在较短的“酝酿期”后迅速爆发，且“爆发期”连续出现微博转发的高峰，随后开始呈现小高峰式的蔓延，直至最后无较明显的活跃度，危机信息的扩散逐渐消退。

## 5.2　24 小时信息扩散变化分析

在危机信息扩散中，整体分析关键节点的时间变化大趋势，能够从宏观的角度审视景区危机事件的始末，把握危机信息扩散的整体规律。但从前面的分析中能够看出，危机信息在线扩散最活跃的时间段集中在事件微博发布的首日，所以有必要对首日 24 小时内的时间变化特征进行分析总结，从而能在最有效的时间内找到关键节点。同时分析 24 小时内，一、二级关键节点及其之间的扩散时间，以便在最有效的时间内把握危机信息流在节点传播链上的时间，为应对景区危机信息扩散提供更有效的借鉴。此部分以“华山伤人事件”为例，进行具体分析。

### 5.2.1　不同信息传播源 24 小时变化分析

根据百度指数显示，“华山伤人事件”网络关注的高潮集中在 10 月 2～5 日，因此为了进一步把握“华山伤人事件”关键节点在微博的扩散时间，选取 2012 年 10 月 2～5 日四位转发量较大的且具有代表性扩散源的微博，进行持续跟踪和数据抓取，从其微博发布的时刻开始，以每 0.5 小时为时间段，统计每 0.5 小时的关键节点以及关键节点的转发次数，结果如表 5-2 所示，总结其在事件发生后的微博信息扩散过程中关键节点的时间变化。

**表 5-2　关键节点统计**

| 微博 | 发微博时间 | 关键节点出现的时间 | 关键节点个数/个 | 微博累计转发量/条 | 占总转发量的比例/% |
|---|---|---|---|---|---|
| 在西安 | 17：01 | 22：00～24：00；17：30～18：00；19：00～20：00；20：30～21：00 | 110 | 4647 | 35 |
| 头条新闻 | 07：23 | 7：30～8：00；9：30～10：00 | 72 | 9088 | 39 |
| 纵伤 | 00：34 | 18：30～19：00；6：30～9：00；09：00～09：30；02：00～02：30；10：30～11：00 | 118 | 6395 | 34 |
| 魅影丫 | 10：07 | 01：30～01：00；10：00～10：30；23：00～23：30 | 58 | 4204 | 69 |

从表 5-2 可知，“在西安”“头条新闻”“纵伤”“魅影丫”两天内产生关键节点数分别为 110 个、72 个、118 个和 58 个，分别占其单条微博总转发量的比例是 35%、39%、34%和 69%。显然，关键节点在景区危机信息在线社交媒体扩散中起着至关重要的作用，它们的微博信息转发量大约占到单条微博信息传播的 1/3。也就是说，关键节点是促使“华山伤人事件”在微博上扩散的主要推动力，它们控制着大量信息和节点，使得危机信息扩散进一步扩大化。

为了进一步了解不同传播主体在此次景区危机事件微博扩散过程中不同时刻转发微博的时间规律，本书将 4 条微博关键节点活跃的时间以及在活跃时间段微博的转发量进行逐条统计和分析，得到“华山伤人事件”发生后，4 个不同信息扩散源在其发布微博后 24 小时内的关键节点时间变化图。

从图 5-5 可知，“魅影丫”发微博的时间是 10：07，关键节点在一天 24 小时内出现了 4 次转发的高峰阶段，其中关键节点转发最高峰值出现在 23：01～23：30，关键节点微博转发量为 2653 条；而次一级的转发高峰值出现在 10：01～10：30，微博累计转发量为 524 条；18：01～18：30，微博累计转发量为 239 条；01：31～02：00，微博累计转发量为 177 条。从总体来看，“魅影丫”10：07 微博发出后，关键节点在 10：01～10：30 快速出现并形成转发高潮，出现了明显的峰值变化，之后出现了较长时间关键节点的转发“沉默期”，到 18：01～18：30

再次出现了关键节点转发的峰值变化，直至 23：01～23：30，关键节点微博的转发量达到最大峰值，但是每两个峰值出现的间隔时间比较长。

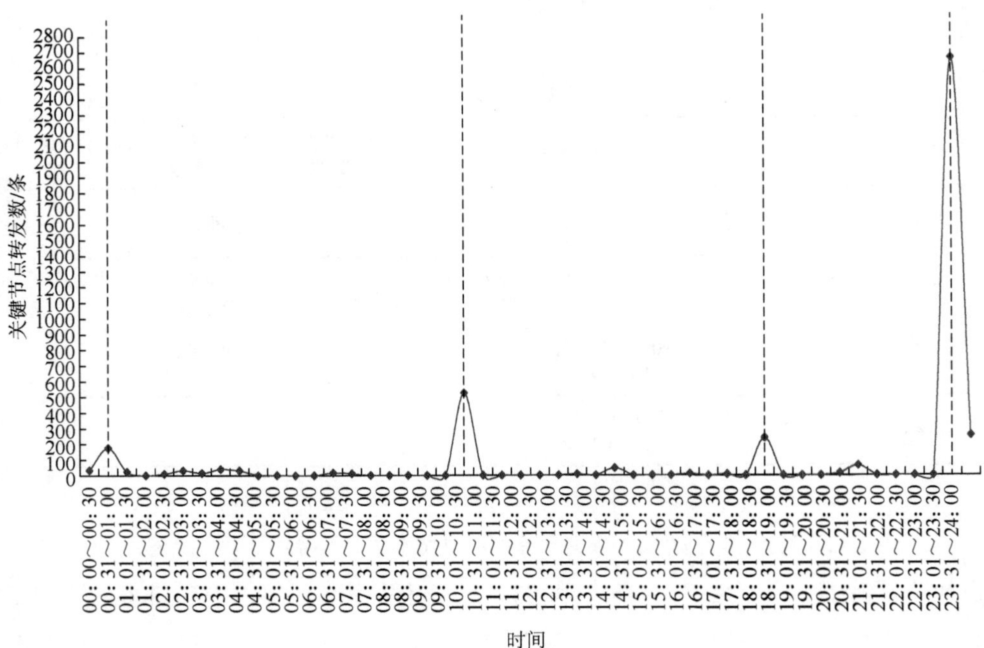


图 5-5　“魅影丫”微博发布后 24 小时内关键节点时间变化图

从图 5-6 可知，“在西安”发微博的时间是 17：01，关键节点一天 24 小时内出现了 8 次转发的高潮，其中关键节点转发最高峰值出现在 22：01～23：00，关键节点微博累计转发量为 2004 条；次一级的高潮出现在 17：31～18：00，微博累计转发量为 251 条；19：01～19：30，微博累计转发量为 255 条；19：31～20：00，微博累计转发量为 313 条；20：31～21：00，微博累计转发量为 354 条；21：31～22：00，微博累计转发量为 546 条；23：01～23：30，微博累计转发量为 287 条；23：31～24：00，微博累计转发量为 408 条。从总体上来看，“在西安”17：01 发出微博，关键节点微博的转发集中在微博发出后的 8 小时之内呈现变化幅度比较大的波纹状，但是基本上呈现出一个递增的趋势。

从图 5-7 可知，“纵伤”发微博的时间是 00：34，关键节点一天 24 小时出现了 7 次转发的高潮，其中关键节点转发的最高峰值出现在 09：01～09：30，微博累计转发量为 1224 条；而次一级的微博转发峰值出现在 10：31～11：00，微博累

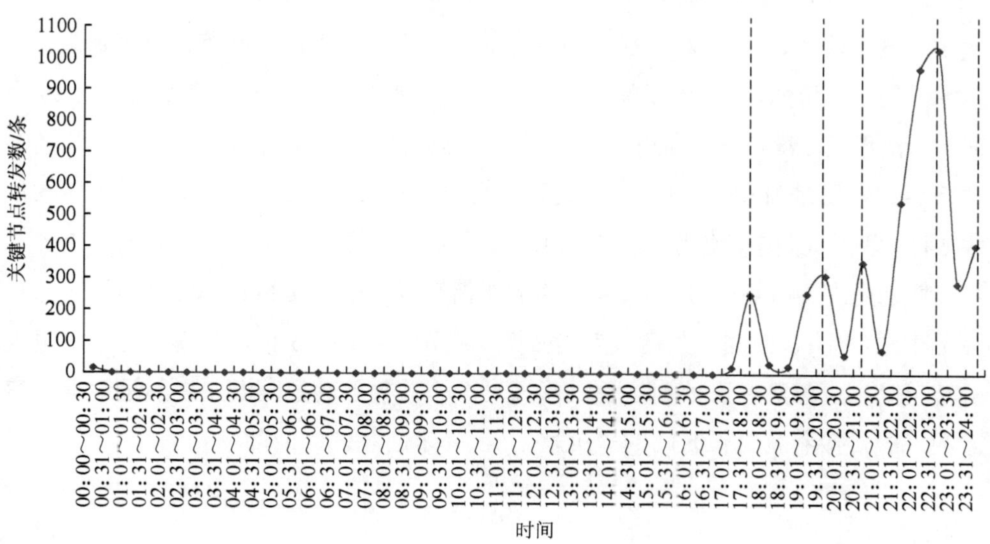


图 5-6　“在西安”微博发布后 24 小时内关键节点转发时间变化图

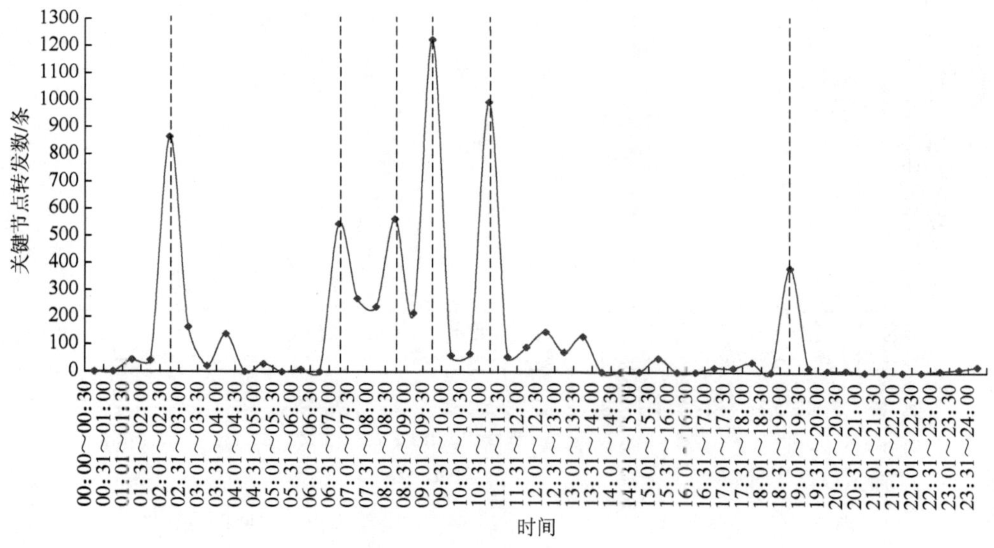


图 5-7　“纵伤”微博发布后 24 小时内关键节点转发时间变化图

计转发量为 994 条；02：01～02：30，微博累计转发量为 863 条；6：31～7：00，微博累计转发量为 545 条；8：01～8：30，微博累计转发量为 563 条；12：01～12：30，微博累计转发量为 146 条；18：31～19：00，微博累计转发量为 384 条。从整体来看，“纵伤”微博关键节点的转发波动频率比较高，微博发出后的 2 小时形成转发高潮，6：31～11：30 关键节点活跃度比较高，4 个转发高潮的时间段均集中于这个阶段，12：00之后关键节点的活跃度出现迅速的回落，逐渐递减。

从图5-8可知，“头条新闻”发微博的时间是07：23，关键节点在一天24小时内只出现了2次转发的高潮，其中关键节点转发的最高峰值集中在7：31～8：00，微博累计转发量为6590条；次一级高潮集中在9：31～10：00，微博累计转发量为1439条。从图中能够明显看出10：00之后，关键节点微博呈现明显的下降趋势，特别是在14：00之后，关键节点的微博转发量基本维持在100条以下。从总体上来看，“头条新闻”关键节点的微博一经发出，在0.5小时之内快速形成很大的转发高潮，然后在2小时之后又形成一个小规模的转发高潮，之后迅速呈现递减的趋势，接着就是长时间的“沉默期”，并未出现任何波动。

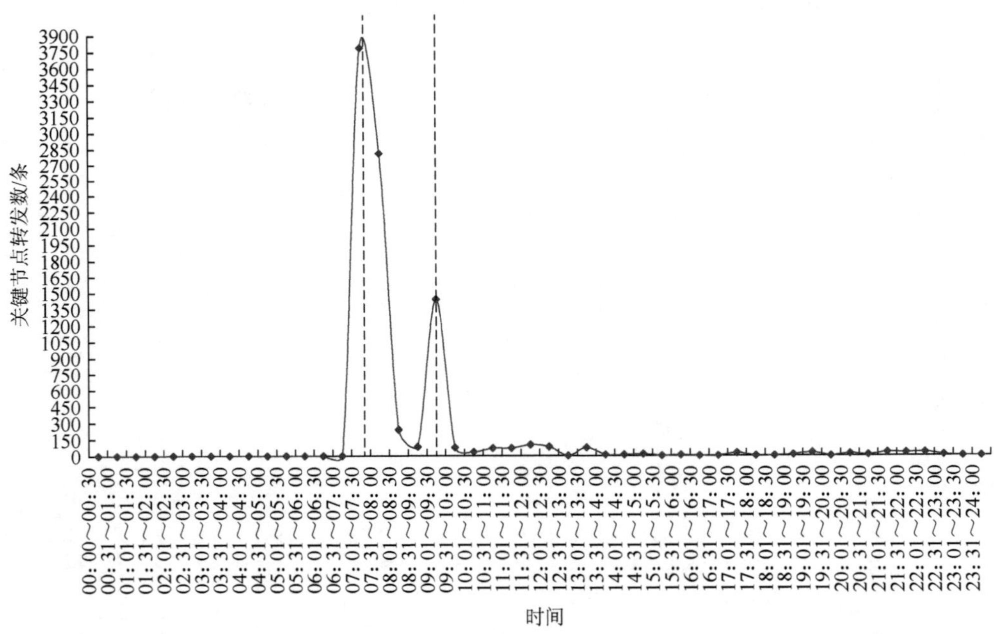


图5-8　“头条新闻”微博发布后24小时内关键节点转发时间变化图

对比4条微博关键节点危机信息在微博扩散的时间变化发现，“头条新闻”的微博景区危机信息扩散时间变化曲线明显不同于其他3条微博，即其他3条微博关键节点危机信息传播的时间变化规律大体上呈现出随着时间的推移和事件的获知度的波动而增加，微博转发的数量呈现逐步增加的趋势，最终达到微博转发的最高峰；而“头条新闻”的微博关键节点危机信息扩散的时间变化规律则呈现出微博发出后关键节点的转发在短时间内急速增加达到最高值然后迅速回落的变化趋势，此结论与前面分析具有一致性，即新闻媒体类官方微博的转发活跃度较其他微博更具时效性。

新闻媒体类官方微博关键节点景区危机信息扩散出现这种不同的时间变化趋势是由新闻本身的特点所决定的：新闻的一大重要特点就是时效性强，这必然要求新闻报道要及时、迅速。在对微博用户的研究中发现，“媒体微博”每日平均发布的信息数明显高于其他微博用户[1]。众所周知，新闻是时间的易碎品，是“快速的消费品”，新闻媒体为追求时效性而进行频繁新闻动态的更新，带来信息消费的快餐化。新闻媒体类微博不停歇地滚动更新新闻，形成新闻的“瞬时化”和“碎片化”，也就是说上一条新闻会很快地被下一条新闻所淹没，因此一条新闻出现后，传播数量会突然加速膨胀，然后很快被其他的新闻所淹没。

### 5.2.2　信息扩散 24 小时总体变化过程分析

通过对不同信息源 24 小时变化的分析可知，不同的时间段出现的关键节点的数量不同，且不同时间段关键节点的转发量也不同。上述 4 条微博在一天 24 小时的微博转发中呈现出不同起伏变化的峰值波动，因此，有必要将这 4 条微博关键节点出现的时间进行重合，从总体的角度对关键节点出现的时间进行梳理，了解景区危机事件的信息在微博发出后关键节点总体时间变化规律，以便在景区危机事件发生后，能在最有效的时间内找到关键节点，控制关键节点对景区危机信息的扩散。

从图 5-9 的曲线变化形状可以看出，关键节点活跃度在一天之内的变化比较大，关键节点活跃度最高的时刻为 07：01～07：30，其次关键节点活跃度的高峰时间段集中在 07：31～08：00、09：01～09：30、23：01～23：30。根据关键节点活跃度的高低，将一天 24 小时分为四个阶段，分别为 07：31～11：30、11：31～17：30、17：31～03：30、03：31～07：30。其中，11：31～17：30 和 03：31～07：30 这两个阶段处于一天中关键节点活跃度最低的时间段，基本上没有出现转发量大的关键节点，也没有出现明显的波动。07：31～11：30 和 17：31～03：30 是关键节点活跃度高的两个时间阶段，出现了明显的早高峰阶段和晚高峰阶段，其中最高的峰值出现在 07：31～08：00。在整个早高峰阶段存在明显的关键节点活跃度高、低的起伏波动，在上午 9 点和 10 点的时候出现了关键节点活跃度的低潮，但是低潮时间段的关键节点的转发量依然高于关键节点活跃度最低时（11：31～17：30、03：31～07：30）的转发量。另外，晚高峰的关键节点的活跃度呈现逐步上升的变化趋势，直至 01：00 之后才开始出现轻微的波动，但是波动幅度没有早高峰明显。

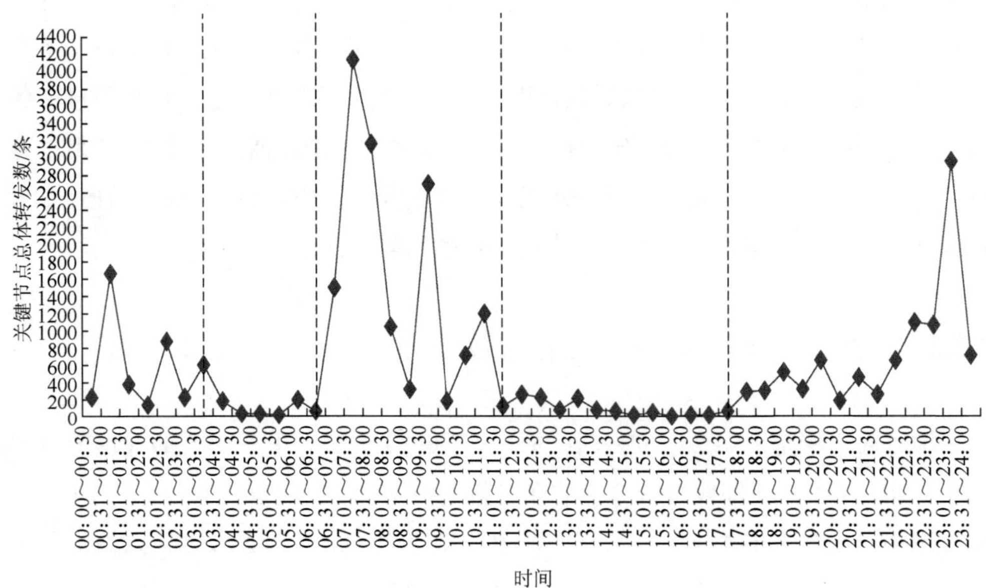


图 5-9　关键节点活跃度的 24 小时时间变化曲线图

通过上述分析可以看出，关键节点微博转发的时间存在明显的早高峰和晚高峰，此结论与之前的研究结果相类似（图 5-10），即微博用户具体的时间分布表现为凌晨 1 点到上午 8 点为用户发微博的低潮时期，上午 9 点到晚上 12 点为用户发微博的高峰时期，而晚上 10 点到 11 点为用户发微博的最高峰[2]。但是与之前结

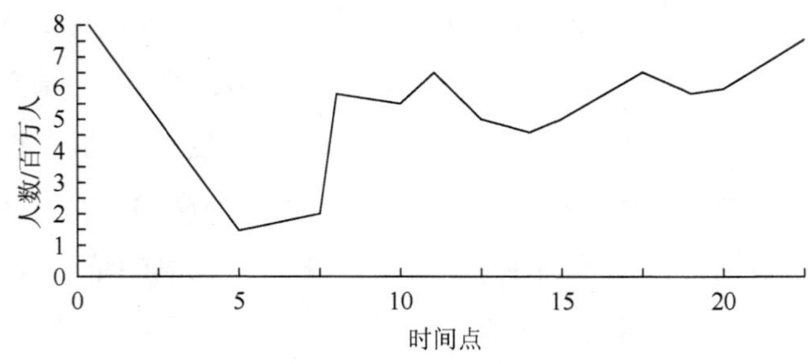


图 5-10　网民一天微博活动时间

果稍微有所变化的是早高峰和晚高峰出现的时间均有所延后。原因是受事件发生的时间的影响，4 个景区危机事件中有 2 个处于国庆节的放假阶段，人们的生活作息规律会跟平时的作息有所差别，早晚高峰时间延长是可能存在的。

### 5.2.3 一级关键节点 24 小时传播特征

微博更大的优势在于信息的延时性属性并不会因为即时性而消失，即使事发很久之后，原始信息也不会被新的信息所覆盖，用户依然可以通过关注发布者或者转发者知晓这条信息，并能够追溯到原始信息，也可以通过继续转发成为这个全时传播链上的一环[3]。因此控制一级关键节点将危机信息流传到二级关键节点甚至更多级对旅游突发危机事件信息扩散的控制有着至关重要的作用。所以关键节点的控制，关键是要把握每一级关键节点扩散的时间。

从表 5-3 可知，在景区危机信息在线社交媒体扩散过程中，一级关键节点和二级关键节点控制着主要的信息扩散方向，也就是说控制住一级关键节点和二级关键节点，就能够掌控景区危机信息在微博上的传播速度和方向，因此了解一级关键节点和二级关键节点信息扩散的时间至关重要。本节以一级关键节点和二级关键节点信息扩散的时间为主要研究对象，探究这些关键节点在景区危机信息在线扩散的时间规律。

**表 5-3 各级关键节点个数**

| 微博 | 发微博时间 | 一级关键节点个数/个 | 二级关键节点个数/个 | 三级关键节点的个数/个 |
|---|---|---|---|---|
| 在西安 | 17：01 | 43 | 32 | 12 |
| 头条新闻 | 07：23 | 45 | 12 | 4 |
| 纵伤 | 00：34 | 26 | 22 | 6 |
| 魅影丫 | 10：07 | 54 | 43 | 22 |

将“魅影丫”“头条新闻”“在西安”“纵伤”这四条微博信息扩散过程中一级关键节点出现的时间进行统计和叠加（图 5-11），发现一级关键节点活跃度最高的时间是在事件发生后的第 1 个小时和第 14 个小时，分别占到所有一级关键节点的 54%和 59%左右，其次是事发后的第 5 个小时和第 6 个小时的一级关键节点的活跃度都比较高，所占比例为分别为 37%和 35%左右。但是总体而言，微博发出后

的前 15 个小时，一级关键节点的活跃度均比较高，从第 15 个小时之后，一级关键节点的活跃度迅速降低，基本上维持在 5%以下。

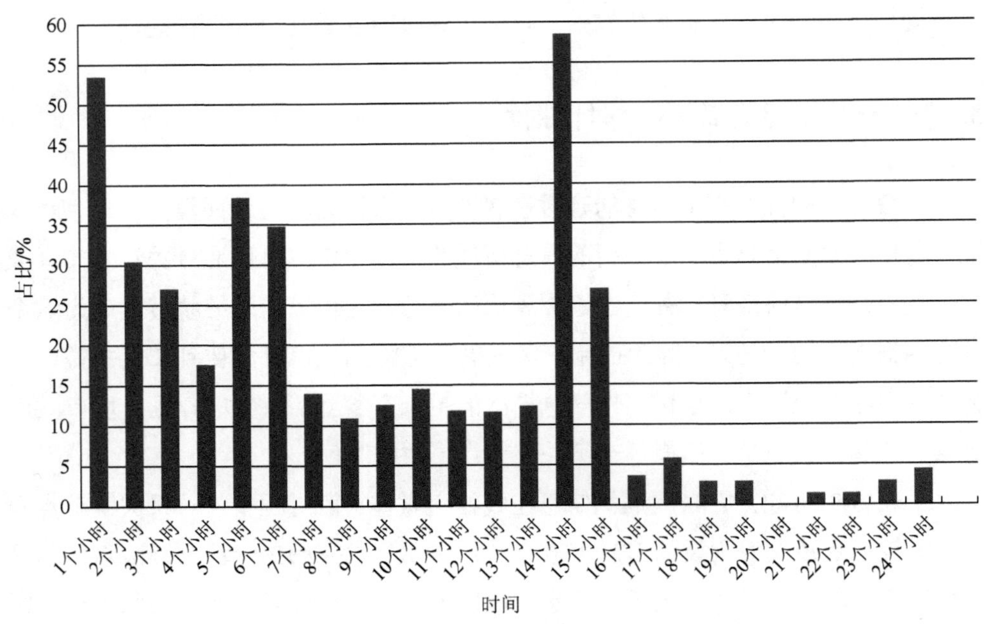


图 5-11　一级关键节点转发量的时间变化

另外，考虑到上述研究中出现“头条新闻”的传播模式的特殊状况，本节将“头条新闻”的一级关键节点进行剔除并重新统计，得到图 5-12。从图 5-12 可知，剔除“头条新闻”的一级关键节点之后，一级关键节点转发量的时间变化趋势有所变化。一级关键节点活跃度最高时是在事件发生后的第 14 个小时，占所有一级关键节点的 59%左右，呈现出“一头独大”的局面；其次是事发后的第 1 个小时、第 5 个小时和第 6 个小时的关键节点活跃度均比较高，所占比例分别为 32%、29%和 30%。第 15 个小时之后，一级关键节点的活跃度变化与图 5-11 类似。

总之，景区危机事件的微博发出后，一级关键节点的活跃度在其发出后的前 14 个小时比较活跃，且活跃度最高的时段为微博发出后的第 14 个小时。此外，新闻的微博发出后一级关键节点在微博发出后的第 1 个小时活跃度最高。从第 15 个小时开始，所有一级关键节点的活跃度迅速降低。

### 5.2.4　二级关键节点 24 小时传播特征

将二级关键节点出现的时间进行统计，并和一级关键节点的时间进行对比，

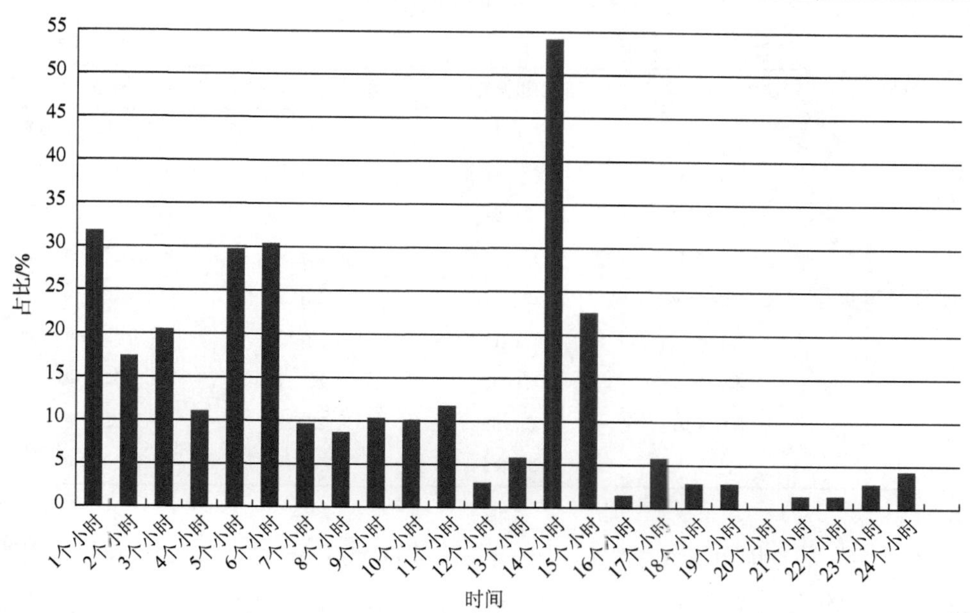


图 5-12　一级关键节点转发量的时间变化（除“头条新闻”）

统计结果如表 5-4～表 5-7 所示。结果发现在景区危机信息在线扩散中，一级关键节点到二级关键节点或者更多级关键节点所用的时间非常短，基本上维持在几分钟，最短的只有几秒钟，最长的时间节点也只在 30 分钟左右，具体情况如下。

“在西安”发布华山事件微博后，一级关键节点“唐珩”转发微博的时间为 17：03，二级关键节点转发的时间也为 17：03，彼此相差时间为几秒钟；一级关键节点“nownow”转发微博的时间为 19：31，产生了两个二级关键节点，转发的时间分别为 19：50、20：02，一级关键节点信息扩散到二级关键节点所用时间分别为 19 分钟和 31 分钟；一级关键节点“许志平”，其转发微博的时间为 22：12，其产生的两个二级关键节点转发的时间分别为 22：26、22：28，一级关键节点扩散到二级关键节点所用的时间分别是 14 分钟和 16 分钟。

**表 5-4　“在西安”二级关键节点信息扩散时间**

| 微博 | 一级关键节点名称 | 转发微博时间 | 二级关键节点转发时间 | 相差时间 |
|---|---|---|---|---|
| 在西安 17：01 | 唐恬 | 19：38 | 19：39 | 1 分钟 |
| | 桂果佳作孙 | 19：10 | 19：12 | 2 分钟 |
| | 唐珩 | 17：03 | 17：03 | 几秒钟 |
| | nownow | 19：31 | 19：50；20：02 | 19 分钟；31 分钟 |

续表

| 微博 | 一级关键节点名称 | 转发微博时间 | 二级关键节点转发时间 | 相差时间 |
|---|---|---|---|---|
| 在西安 17：01 | 许志平 | 22：12 | 22：26；22：28 | 14 分钟；16 分钟 |
| | 易观于扬 | 22：18 | 22：27 | 9 分钟 |
| | 王开岭 wkl | 22：51 | 22：58；23：10 | 7 分钟；19 分钟 |
| | 一凡 NO1 | 22：44 | 22：44 | 几秒钟 |
| | yourcornflower | 22：12 | 22：20 | 8 分钟 |
| | 但斌 | 22：18 | 22：26；23：07 | 8 分钟；49 分钟 |
| | 毕诗成 | 17：33 | 18：10 | 37 分钟 |
| | 单差的 Adam | 21：59 | 22：21 | 22 分钟 |
| | 赵添 | 22：43 | 23：10 | 27 分钟 |

“纵伤”发布华山事件微博后，一级关键节点“临门一脚”转发微博的时间为 08：23，二级关键节点转发的时间为 08：23，一级关键节点信息扩散到二级关键节点所用时间为几秒钟；一级关键节点“北京厨子”转发微博的时间是 01：07，二级关键节点转发的时间为 01：14，一级关键节点信息扩散到二级关键节点所用时间是 7 分钟。

**表 5-5 “纵伤”二级关键节点信息扩散时间**

| 微博 | 一级关键节点名称 | 转发微博时间 | 二级关键节点转发时间 | 相差时间 |
|---|---|---|---|---|
| 纵伤 17：01 | 北京厨子 | 01：07 | 01：14 | 7 分钟 |
| | 洪晃 ilook | 02：30 | 02：41；02：42；02：44；02：46；02：54；02：57 | 11 分钟；12 分钟；14 分钟；16 分钟；24 分钟；27 分钟 |
| | 飞常准 | 08：12 | 08：21 | 9 分钟 |
| | 背包客小鹏 | 08：44 | 08：55 | 11 分钟 |
| | 米瑞蓉 | 08：58 | 09：22 | 24 分钟 |
| | Anna 白日梦小姐 | 02：49 | 02：59；03：44；03：51 | 10 分钟；55 分钟；62 分钟 |
| | 纵伤 | 07：23 | 07：39 | 6 分钟 |
| | 临门一脚 | 08：23 | 08：23 | 几秒钟 |

“头条新闻”发布华山事件微博后，一级关键节点“微相册”转发微博的时间为 09：03，二级关键节点转发的时间为 09：05，一级关键节点信息扩散到二级关键节点所用时间为 2 分钟；一级关键节点“姚晨”转发微博的时间为 07：26，产

生两个二级关键节点转发的时间分别是 07：31、07：34，一级关键节点信息扩散到二级关键节点所用时间分别为 5 分钟、8 分钟。

**表 5-6　“头条新闻”二级关键节点信息扩散时间**

| 微博 | 一级关键节点名称 | 转发微博时间 | 二级关键节点转发时间 | 相差时间 |
|---|---|---|---|---|
| 头条新闻<br>07：23 | 微相册 | 09：03 | 09：05 | 2 分钟 |
| | 姚晨 | 07：26 | 07：31；07：34 | 5 分钟；8 分钟 |

“魅影丫”发布华山事件微博后，一级关键节点“才让多吉”转发微博的时间是 02：39，产生两个二级关键节点转发的时间分别是 02：39、03：18，一级关键节点信息扩散到到二级关键节点所用时间分别是几秒钟和 39 分钟；一级关键节点“醉浆草”转发微博的时间是 03：40，二级关键节点转发的时间为 03：43，一级关键节点信息扩散到二级关键节点所用时间是 3 分钟，此外，一级关键节点信息扩散到二级关键节点的时间最长为 39 分钟。

**表 5-7　“魅影丫”二级关键节点信息扩散时间**

| 微博 | 一级关键节点名称 | 转发微博时间 | 二级关键节点转发时间 | 相差时间 |
|---|---|---|---|---|
| 魅影丫<br>10：07 | 财经网 | 23：09 | 23：33；23：23；<br>23：44；23：22 | 35 分钟；13 分钟；<br>24 分钟；14 分钟 |
| | 饼妈 | 23：19 | 23：38 | 18 分钟 |
| | 才让多吉 | 02：39 | 02：39；03：18 | 几秒钟；39 分钟 |
| | 醉浆草 | 03：40 | 03：43 | 3 分钟 |
| | Weid | 01：07 | 01：12 | 5 分钟 |
| | 崔 V 威 | 12：18 | 12：40 | 22 分钟 |

为了更加清楚地展示一级关键节点信息扩散到二级关键节点所用的时间间隔，本书以雷达图的方式表示出来，结果如图 5-13 所示。从图中可知，一级关键节点和二级关键节点的时间变化趋势基本一致，二级关键节点出现的时间和一级关键节点出现的时间大致重合，甚至有的扩散时间变化完全一致。进一步说明危机信息从一级关键节点扩散到二级关键节点所用的封间很短，有时候二级关键节点的传播时间和一级关键节点转发的时间趋于同步。

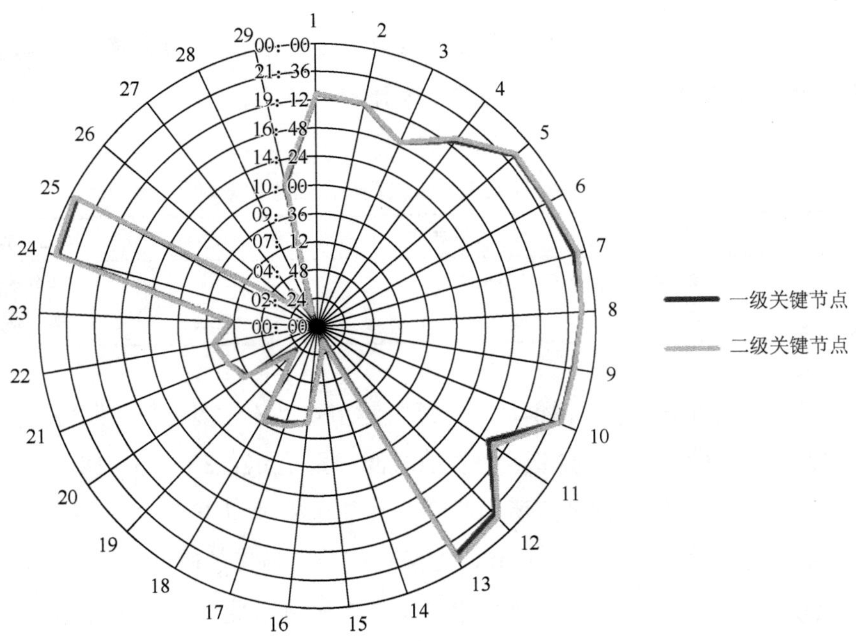


图 5-13 一级、二级关键节点信息扩散时间雷达图

综上所述，可知景区危机信息 24 小时扩散过程中多级节点规律如下。

（1）一级关键节点活跃度最高的时间是事发后前 5 个小时和第 14 个小时。传统危机事件的“黄金 24 小时”法则失去了效用，景区危机信息在线社交媒体扩散的时效性进一步提高，由结论分析可知，景区危机事件发生后的前 5 个小时为景区危机信息在线引导的最佳时间。说明关键节点扩散的时间被极大地“前置化”。关键节点已经介入景区危机信息早期的发现和挖掘阶段，在景区危机信息最终流入大宗流量之前，已左右了景区危机信息的流动方向。显然，景区危机信息扩散形态的方便和快速远非传统的媒介所能同日而语。

（2）二级关键节点信息扩散的速度明显高于一级关键节点扩散的速度。信息源到一级关键节点的扩散时间或许会比较长，但是信息从一级关键节点扩散到二级关键节点或者更多级关键节点所需时间大概在几秒钟、几分钟，最长也只需要 0.5 小时，说明在线社交媒体危机信息扩散效率高，使得危机信息可以在极短的时间内引爆整个网络，产生无法预估的影响。也就是说，如果景区危机信息在网络上的一级节点扩散时得不到良好控制，一旦危机信息突破一级关键节点扩散到二级关键节点，则会发生病毒式扩散而产生一发不可收拾的局面。

## 5.3 小　　结

控制景区危机信息在在线社交媒体的扩散，关键是对关键节点的控制。对关键节点的控制，关键是要把握关键节点扩散的时间。对关键节点信息扩散时间变化的研究发现，关键节点危机信息扩散的时间变化规律大体上呈现出随着时间的推移和事件的获知度的波动而增加，微博转发的数量呈现逐步增加的趋势，最终达到微博转发的最高峰，但是新闻类官方微博关键节点景区危机信息扩散的时间变化规律则呈现出微博发出后关键节点的转发在短时内急速增加达到最高值然后迅速衰落的变化趋势。另外，就关键节点总体时间变化而言，危机事发之后的前 5 个小时为关键节点的最佳引导时间，且新闻媒体类官方微博的时效性更强，其最佳引导时间可以提前到事件发布后的 0.5～2 小时。同时危机信息扩散存在明显的早高峰和晚高峰，且早高峰传播的强度大于晚高峰，但晚高峰持续的时间长于晚高峰。就一级关键节点而言，活跃度最高的时间为危机事件发生后前 14 个小时，在第 14 个小时达到活跃度的最高值，但是二级关键节点信息的扩散速度明显大于一级关键节点的扩散速度，基本上维持在几秒钟到 0.5 小时。

### 参 考 文 献

[1] 夏雨禾. 微博互动的结构与机制——基于新浪微博的实证研究[J]. 新闻传播与研究，2010，(4)：60-69.

[2] 樊鹏翼，王晖，姜宏志，等. 微博网络测量研究[J]. 计算机研究与发展，2012，49（4）：691-699.

[3] 吴敏. 基于微博的媒体营销研究[D]. 广州：暨南大学，2010.

# 第 6 章　景区危机信息空间扩散及效应

信息空间与地理空间存在着一定的联系[1]。卡斯特的流空间理论提出“流空间奠基于信息网络，但这个网络连接了特定的地方，后者具有完整界定的社会、文化、实质环境与功能特性”[2]。事实上，用户所在的地理空间位置也会影响社交网络上的信息扩散[3]。网络空间映射下的地理空间及相互关系变得复杂而又深具研究意义。本章以景区危机信息在在线社交媒体扩散过程中的关键节点为核心，探讨景区危机信息在在线社交媒体中的空间地理扩散及影响因素。

## 6.1　危机信息流的空间扩散

网络社会空间的基本逻辑包括虚拟化、数字化、流动性和弹性、全球化以及个人化[4]。在这些逻辑中，流动性逻辑占据着支配的地位，可以认为网络社会是一个环绕着信息流动而建构起来的全新的社会形态，流动性是整个网络社会动力机制的核心动力，它使网络社会的信息流动和人际互动在实时的时间中接合，并支配着网络空间的信息流动和社会互动，从而形成一个流动性的全球社会，在这种全新的流动社会中，传统社会空间中的时空被“虚化”乃至抽离，使得整个人类社会可以一定程度上脱开具体的地域，呈现出一种超越现实物理地点的因果关系的全新社会特性。卡斯特在流空间理论中提出，流空间奠基于各种网络，而这些网络却连接了特定的场所，从而沟通了流空间与传统的场所空间之间的密切联系。

网络和流是流空间所强调的关键词[5]。在网络中流所发生的起始点称为节点，这些节点通过流的传递积极参与围绕网络中关键功能的组织和活动。在网络结构中扮演了重要角色的节点，从事协调、支配等活动，使流空间中的流得以顺畅的传递、节点间得以顺畅的互动，称为枢纽。廊道是指多个枢纽所形成的具有明显方向性的联系束，往往代表网络的主要延伸方向，也就是信息流动的方向。枢纽与廊道是流空间与现实场所空间结合的关键元素，枢纽与廊道的识别有助于掌握流空间的核心结构。

### 6.1.1 危机事件关键节点信息流网络分析

通过新浪微博对各危机事件关键用户进行在线追踪，收集关键节点的转发关系数量，录入 Excel 创建赋值矩阵，并使用社会网络分析软件 UCINET 6 进行格式转化，借助 NetDraw 工具，绘制危机事件关键节点的信息流网络图。图 6-1 中的节点代表中国各省份，节点越大表明此节点的度数中心度越高，说明其与其他许多节点的直接联系越多[6]。线条的粗细表示景区危机信息在各省份之间流动的频度，线条越粗表示信息流动的频度越高，线条越细表明信息流动的频度越低。

“华山事件”中，景区危机信息的传播具有三个突出的特征。首先，传播过程中出现了六个关键的枢纽，分别为北京、上海、陕西、内蒙古、广东和江苏。其中北京是最关键的枢纽，关键节点最为活跃，形成强大的景区危机信息流入和流出。其次，传播过程中形成了“陕西—北京—上海”“陕西—北京—广东”“内蒙古—广东—北京”三组信息流动频度比较高的三角形结构。其中以“陕西—北京—上海”信息的流动频度最高，其次是“陕西—广东—江苏”“陕西—北京—江苏”“内蒙古—四川—广东”“内蒙古—四川—上海”等构成的多个三角空间结构的信息流动。可以看出，陕西作为事发地是主要的信息源，不断向北京、广东、上海以及江苏等地流出信息，而北京虽然作为最重要的枢纽点，在流入大量景区危机信息的同时不断向江苏、上海、浙江、福建、广东、海南以及云南等全国各地流出景区危机信息。另外，除北京外，陕西、内蒙古以及江苏成为关键信息流出枢纽的一个关键原因是，这三个地区都是微博信息发出者的所在地，特别是陕西，作为事件的发生地，避免不了吸引所有焦点，流出更多的信息。最后，危机信息在线传播过程中，关键节点活跃度高的中心在地方性存在明显的内部小场域内景区危机信息的“搬运”和流动。在此次危机事件中，上海的地方内部信息流动特征比较突出，在信息流网络图中呈现出内部封闭环的特征。

“九寨沟事件”中，关键枢纽点集中在北京、上海、广东、江苏、浙江和四川。在这些枢纽点之间形成了“北京—上海—四川”“北京—广东—江苏”“北京—浙江—四川”等多个三角形结构。与“华山事件”具有相似性，作为事发地的四川与最强枢纽点北京连接后，景区危机信息从北京开始大范围地向广东、江苏、湖南、山东、辽宁

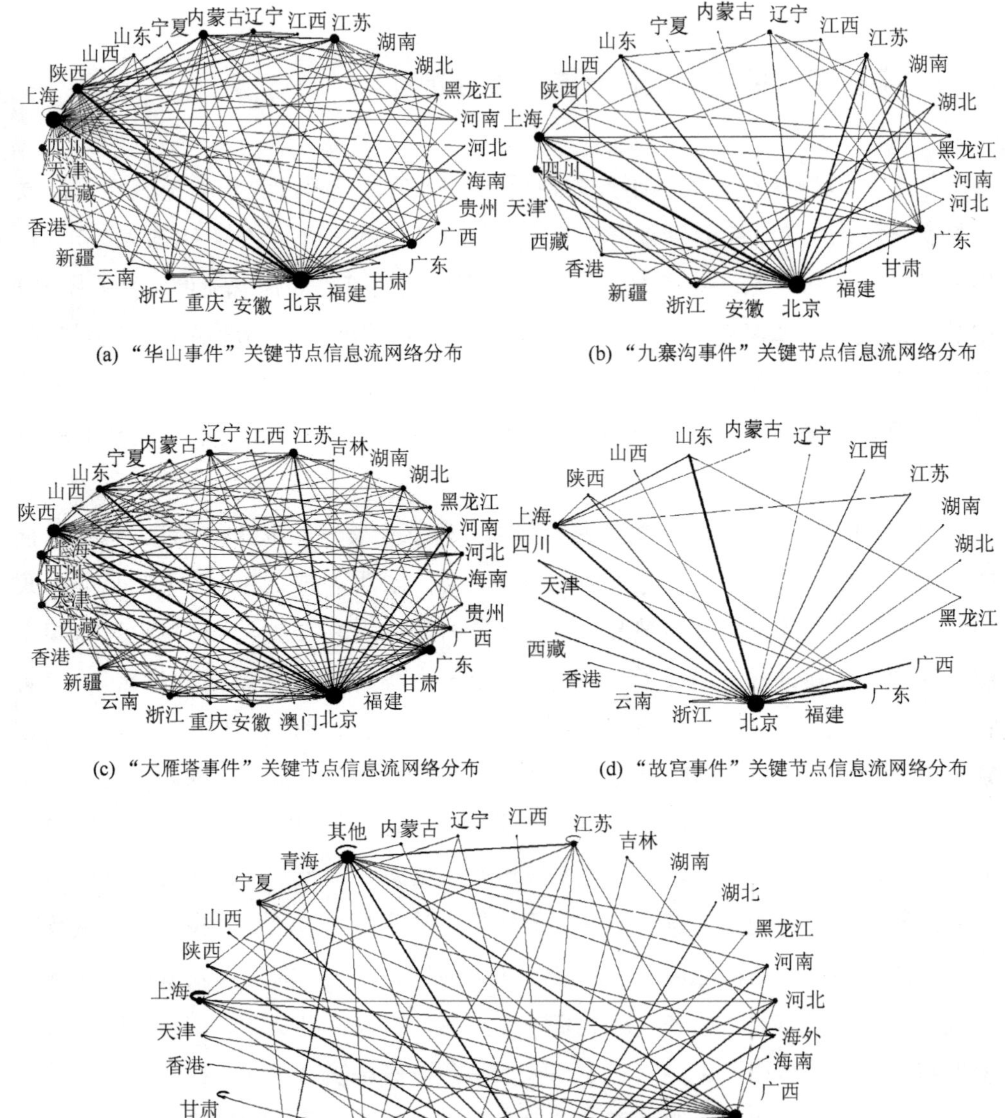


(a) “华山事件”关键节点信息流网络分布　(b) “九寨沟事件”关键节点信息流网络分布

(c) “大雁塔事件”关键节点信息流网络分布　(d) “故宫事件”关键节点信息流网络分布

(e) “山海关事件”关键节点信息流网络分布

图 6-1　5 起案例事件的关键节点信息流网络分布图

等区域辐射。同时可以看出浙江虽然在流动量上不及北京，但是其向外辐射的作用同样明显，形成了“四川—浙江—北京”“四川—浙江—湖北”“四川—浙江—河南”等三角形信息流结构。另外，在此次危机信息的在线传播过程中，同样出现了地方内部信息的流动，典型代表为浙江，出现了传播闭环。

“大雁塔事件”的危机信息传播网络比“华山事件”要复杂一些，网络中每个关键节点至少辐射出 4 条连接线，说明此次危机信息在各个节点之间传播较为畅通。但同样地，形成了北京、陕西、广东、上海、江苏、山东、河南等多个信息传播枢纽，其中作为事发地的陕西其传播量仅次于北京。在这些关键枢纽之间形成了“陕西—北京—广东”“陕西—北京—江苏”“陕西—北京—山东”“陕西—北京—河南”“陕西—上海—北京”等多个三角形信息流结构，同时可以看出，陕西作为事发地与北京连接后，危机信息开始向东部、中部等多个地区扩散。

“故宫事件”是 5 个景区危机事件信息扩散网络最为简单的一个案例，呈现出显著的射线状空间结构，发射核心为事发地北京。其多个关键节点除了与事发地北京有直接的危机信息流动，节点之间并未形成有效的连通，危机信息扩散具有一定的集中性，信息流绝对性地集中于北京，从北京向上海、山东、广东、广西等地区产生单向的信息连通。

“山海关事件”与“故宫事件”在关键枢纽点上具有一致性，即以北京形成了绝对的信息流扩散中心。但不同于后者，“山海关事件”呈现出了更为典型的地方性内部危机信息的流动，形成了北京、上海、广东、浙江、江苏等多个信息流动闭环。

### 6.1.2　危机事件关键节点信息流网络特征

通过对 5 起景区危机事件关键节点进行信息流网络分析，其网络分布呈现以下特点。

（1）景区危机在在线信息传播过程中形成了以北京、上海、广东为核心的 3 个关键枢纽点。北京、上海、广东三地作为国家的政治和经济中心，汇集着社会各界的精英和名流，他们对任何领域的危机事件始终都保有强烈的敏感度，他们自身的地位和知名度使得他们在微博上具有很高的人气，他们拥有大量的粉丝，一旦转发就会引起大量的关注，他们对旅游危机事件的任何评论和转发都能引发众多粉丝的关注与转发。尤其是作为国家首都的北京，具有强大的景区危机信息扩散能力，多个危机事件的信息扩散均在北京形成二次的信息源，形成大量活跃度高的关键节点，使得危机信息不断流入北京，再由北京源源不断地流入全国各个地区，甚至超过事发地危机信息的流入和流出。

（2）景区危机信息空间地理扩散总体呈现出以事发地、北京、上海、广东、江苏、浙江为枢纽的多三角形的空间结构。其中以“事发地—北京—广东”和“事发地—北京—上海”形成的三角形结构的信息流动频度最高，即景区危机信息空间扩散的路径是以事发地为中心，以北京、上海、广东三地作为关键枢纽形成大规模的景区危机信息空间扩散。基于此，有关部门要尽量把握好旅游危机事件的发生地、北京、上海、广东信息传播的路径。在危机信息发生之初，有关部门在事件发生地应该快速作出回应，否则如果信息处理不及时就会产生更多的负面新闻，一旦危机信息传播突破原始信息源，就会通过北京和上海这两个枢纽快速扩散至全国。

（3）关键节点活跃程度呈现出从东部沿海向西北内陆递减的规律。景区危机事件的关键节点活跃度与中国东中西部的经济发展程度具有内在一致性。从东部沿海到西北内陆，随着经济发展水平的递减，关键节点的活跃度也递减。因东部地区经济条件比较发达，经济的优势使得更多人能够接触网络，可以为网络信息化提供更优越的发展空间，造就了网络信息化偏向于大城市集聚的效应，因而东部地区关键节点活跃度比较高，对于突发事件的网络进一步扩散比较强。

（4）景区危机信息关键节点的传播扩散存在明显的区域内信息扩散场域。景区危机信息在扩散到某一地之后，会在地方内形成闭环扩散的特征，即内部小场域内景区危机信息的“搬运”和流动。以“山海关事件”最为典型，形成了北京、上海、浙江等多个传播闭环，“九寨沟事件”和“华山事件”也呈现出了局部危机信息扩散的特征。说明景区危机信息在线扩散中，地方性扩散的特征明显。

## 6.2 景区危机信息空间扩散效应

在景区危机信息流网络特征研究的基础上，进一步从危机信息地理扩散的强度和广度，探讨景区危机信息在地理空间上的扩散效应。

信息扩散率［式（6-1)］用来评价微博中危机信息扩散强度。地理集中指数［式（6-2)］用来说明信息在空间的分散程度。$G$ 代表地理集中指数，用来表示景区危机信息在地理空间扩散中的集中程度。通常，地理集中指数越小，说明空间扩散越分散，扩散强度越均衡。反之，则说明空间扩散越集中，扩散强度越不均衡。

$$P_i = \frac{T_{ni}}{T_n} \tag{6-1}$$

$$G = 100\sqrt{\sum_{i=1}^{n}\left(\frac{T_{ni}}{T_n}\right)^2} \tag{6-2}$$

其中，$P_i$ 为景区危机信息扩散率，表示该地区对于信息扩散的强度；$G$ 为地理集中指数。$T_{ni}$ 指在微博中信息转发到 $i$ 地区的数量，$T_n$ 指在微博中转发量的总数。

### 6.2.1　景区危机信息空间扩散强度

根据知微抓取的每起事件的空间转发数据，利用式（6-1），计算出 5 起事件的空间扩散率，如表 6-1 所示。“华山事件”，转发量排名前 5 位的分别是北京、上海、广东、浙江和江苏，转发量占 60.72%，共 11 个省份贡献了 81.35%的转发量。陕西作为事发地，扩散率排名第 6 位，周边邻近省份山西、河南、内蒙古、四川、甘肃等 8 个省份信息扩散率占总体扩散率的 14.22%。

“九寨沟事件”，转发量排在前 3 位的是广东、北京、上海，其中广东的扩散率为 0.1669。四川作为事件发生地点，排在第 4 位，扩散率为 0.0842。广东、北京、上海、四川以及江苏 5 个省份的转发量占 53.66%，共 13 个省份贡献了 80.6%的转发量。与四川邻近的周边省份，如陕西、甘肃、青海、西藏、云南等共 7 个省份信息扩散率则仅占总体扩散率的 8.89%。

“大雁塔事件”，陕西作为事件发生所在省份，对于“大雁塔照相门事件”微博扩散的贡献度最高，扩散率为 0.1093，除陕西外影响最大的前 3 位是广东、北京和江苏，有 15 个省份贡献了 81%的转发量。周边邻近省份信息扩散率占总体扩散率的 20.14%。

“故宫事件”，北京作为事件发生地其空间扩散率最高，为 0.2525，除北京外排名前 3 位的分别是广东、上海、江苏。此外，共有 13 个省份贡献了 80.7%的转发量，距离北京比较近的周边省份如河北、天津、内蒙古、山东、山西、辽宁等 6 个省份的的空间扩散率仅占总扩散率的 16.96%。

“山海关事件”，排名前 3 位的分别是北京、广东和河北，其中河北是事件所在省份，扩散率为 0.0807，共 15 个省份贡献了 80.4%的扩散量。周边邻近省份天津、北京、辽宁、内蒙古、山东等共 7 个省份空间扩散率占总扩散率的 34.88%。总体上，5 起案例事件中周边邻近省份的扩散率低，经济发达地区扩散率高。

表 6-1　景区危机事件信息地理空间扩散省份排名

| 事件 | 第一名（省份/扩散率） | 第二名（省份/扩散率） | 第三名（省份/扩散率） | 第四名（省份/扩散率） | 第五名（省份/扩散率） | 前五名累计扩散率 | 周边邻近省份的平均扩散率 |
| --- | --- | --- | --- | --- | --- | --- | --- |
| 华山 | 北京 0.1765 | 上海 0.1663 | 广东 0.1377 | 浙江 0.0678 | 江苏 0.0589 | 0.6072 | 0.0178 |
| 九寨沟 | 广东 0.1669 | 北京 0.1195 | 上海 0.1068 | 四川 0.0842 | 江苏 0.0592 | 0.5366 | 0.0127 |
| 大雁塔 | 陕西 0.1093 | 广东 0.1004 | 北京 0.0975 | 江苏 0.0673 | 浙江 0.0584 | 0.4329 | 0.0252 |
| 故宫 | 北京 0.2525 | 广东 0.1122 | 上海 0.0792 | 江苏 0.0577 | 浙江 0.0528 | 0.5544 | 0.0283 |
| 山海关 | 北京 0.1381 | 广东 0.0855 | 河北 0.0807 | 江苏 0.0646 | 上海 0.0636 | 0.4325 | 0.0498 |

### 6.2.2　景区危机信息空间扩散效应

从 5 起事件的整体空间扩散效应来看，全国 31 个省份（香港、澳门、台湾除外）均有涉及，但影响强度不同，整体集中在中东部和南部的广东，西部、北部及中南部影响较弱。对周边邻近省份的影响强度除“山海关事件”外，其他 4 起事件均表现较弱。根据式（6-2），计算出 5 起事件的地理集中指数。“故宫事件”的地理集中指数最大，为 31.63。其次是“华山事件”，地理集中指数为 30.97，表明这两起事件在地理空间扩散上相对集中，且空间影响强度不均衡。再次是“九寨沟事件”，地理集中指数是 27.64，“山海关事件”和“大雁塔事件”的地理集中指数分别为 24.35 和 24.02。与其他旅游产品及营销信息的地理集中指数（美食推荐类信息的平均地理集中指数为 31.98；有奖活动类信息的平均地理集中指数为 37.16；旅游攻略类的平均地理集中指数为 43.85）[7]相比整体偏小。景区危机事件信息扩散范围更广，关注度更高，“好事不出门，恶事行千里”概况说明了这一特征。

5 起事件所处的地理空间不同，事件发生时间以及事件性质也不同，但在空间扩散效应上表现出较多的相似性。通过研究发现具有以下扩散规律：①北京、广东、上海、江苏及浙江 5 个省份在所有事件中均具有很高的扩散率，说明这些省份在危机信息空间扩散中发挥重要作用，而这 5 个省份的共同特征是地处我国东部，经济发达。②危机事件所在的省份具有比较高的扩散率。事件发生地一般为信息源头，当危机发生时，目的地在信息获取及关注程度上较其他地区反应强烈。③危机事件信息的空间扩散呈现“五八”现象，即近 50%的省份贡献了 80%的信息扩散量。

## 6.3　景区危机信息空间扩散的影响因素分析

为了进一步研究信息扩散效应，应明确景区危机信息的空间扩散效应是否与地区互联网发展水平、经济发展水平、地理距离等存在相互关系。

### 6.3.1　相关性分析

本节就 5 起事件的空间扩散率与其当年互联网普及率、人均可支配收入以及事件发生地至其他省份的距离进行相关性分析。首先对样本数据进行标准化处理，将各个变量的数值标准化在 0～1，然后运用 SPSS 软件进行相关性分析，结果如表 6-2 所示。

**表 6-2　Pearson 相关性分析结果**

| 事件 | | 空间距离 | 人均可支配收入 | 互联网普及率 |
|---|---|---|---|---|
| 华山-空间扩散率 | Pearson 相关性 | −0.029 | 0.851** | 0.766** |
| | 显著性（双侧） | 0.997 | 0.000 | 0.000 |
| 九寨沟-空间扩散率 | Pearson 相关性 | 0.071 | 0.672** | 0.633** |
| | 显著性（双侧） | 0.705 | 0.000 | 0.000 |
| 大雁塔-空间扩散率 | Pearson 相关性 | −0.238 | 0.557** | 0.522** |
| | 显著性（双侧） | 0.198 | 0.001 | 0.003 |
| 故宫-空间扩散率 | Pearson 相关性 | −0.334 | 0.767** | 0.621** |
| | 显著性（双侧） | 0.067 | 0.000 | 0.000 |
| 山海关-空间扩散率 | Pearson 相关性 | −0.473** | 0.726** | 0.596** |
| | 显著性（双侧） | 0.007 | 0.000 | 0.000 |

**在 0.01 水平（双侧）上显著相关。

在一般情况下，相关系数绝对值>0.8，视为高度相关；0.5≤相关系数绝对值<0.8，视为中度相关；0.3≤相关系数绝对值<0.5，视为低度相关。“华山事件”空间扩散率与人均可支配收入、互联网普及率在 0.01 水平上显著相关，相关系数分别为 0.851、0.766。“九寨沟事件”空间扩散率与人均可支配收入、互联

网普及率在 0.01 水平上显著相关，相关系数分别为 0.672、0.633。“大雁塔事件”空间扩散率与人均可支配收入、互联网普及率在 0.01 水平上显著相关，相关系数分别为 0.557、0.522。“故宫事件”空间扩散率与人均可支配收入、互联网普及率在 0.01 水平上显著相关，相关系数分别为 0.767、0.621。“山海关事件”空间扩散率与人均可支配收入、互联网普及率在 0.01 水平上显著相关，相关系数分别为 0.726 和 0.596，但空间扩散率与空间距离在 0.01 水平上呈显著负相关，相关系数为–0.473。数据显示，5 起景区危机事件的空间扩散率均与互联网普及率、人均可支配收入具有显著正相关性，这说明景区危机事件的空间扩散率与地区的互联网发展水平、经济发展水平关系密切。

5 起事件的空间扩散率与空间距离的关系表现复杂。其中，仅“山海关事件”的空间扩散率与空间距离在 0.01 水平上显著负相关，相关系数为–0.473，符合地理学中的距离衰减规律，即空间扩散率随着地理距离的增加而逐渐减弱。“华山事件”“大雁塔事件”“故宫事件”的空间扩散率与空间距离相关系数分别为–0.029、–0.238、–0.334，表明有一定负相关关系，但并不显著。在分析 5 起事件的空间扩散效应时发现，每起事件中北京、上海、广东以及景区所在省份的信息扩散率都比较大，因此，为进一步探究景区危机事件空间扩散率与空间距离的关系，将这些特殊点（北京、上海、广东及各景区所在省份）删除，对其相关性作进一步分析，分析结果如表 6-3 所示。

**表 6-3　删除特殊空间节点后的 Pearson 相关性分析结果**

| 事件 | 空间距离 | 显著性（双侧） |
|---|---|---|
| 华山–空间扩散率 | –0.178 | 0.375 |
| 九寨沟–空间扩散率 | 0.093 | 0.643 |
| 大雁塔–空间扩散率 | –0.230 | 0.248 |
| 故宫–空间扩散率 | –0.391* | 0.040 |
| 山海关–空间扩散率 | –0.544** | 0.003 |

**在 0.01 水平（双侧）上显著相关；
*在 0.05 水平（双侧）上显著相关。

删除特殊地理空间节点后，“故宫事件”空间扩散率与空间距离的相关性有一定变化，在 0.05 水平上表现出显著负相关，其相关系数为–0.391。“山海关事件”的空间扩散率与空间距离在 0.01 水平上仍表现为显著负相关，相关系数为–0.544，较之前有所提高。删除特殊地理空间节点后“华山事件”“九寨沟事件”“大雁塔事件”的信息扩散率与空间距离的相关性仍然不显著，但“华山事件”和“大雁塔事件”的 Pearson 相关系数分别为–0.178 和–0.230，说明有一定负向关系。删除特殊节点后，5 起事件的空间距离相关性分析结果说明距离衰减现象在景区危机事件空间扩散中仍然存在，但空间距离并不一定产生重要影响作用。

从上述分析中发现，“华山事件”“九寨沟事件”“大雁塔事件”空间扩散率与空间距离没有表现出显著相关性，那么，这三个案例的空间扩散率是否与其客源市场的地域结构有关？通常，客源地对目的地相关信息比较关注，在旅游营销活动中也比较重视针对客源地营销。但由于国内游客统计数据获取难度大，研究中仅获取到四川省 2004～2010 年国内游客的平均数据。西安国内客源市场人数来自西安市旅游局 2014 年的抽样调查数据。秦皇岛市和北京市国内游客数据未采集到。因此仅以“华山事件”“九寨沟事件”“大雁塔事件”作进一步分析。表 6-4 分析结果显示，“九寨沟事件”和“大雁塔事件”的空间扩散率与其游客人数在 0.01 水平上呈显著正相关，Pearson 相关系数分别为 0.467 和 0.653，但“华山事件”的空间扩散率与游客人数未呈现相关性。可见，与空间距离这一要素相比较，在“九寨沟事件”和“大雁塔事件”中，目的地游客人数与危机信息扩散有更显著的相关关系。“华山事件”空间扩散效应与游客客源没有直接关系。

**表 6-4　空间扩散率与客源结构的 Pearson 相关性分析结果**

| 事件 | 国内游客人数 | 显著性（双侧） |
|---|---|---|
| 华山-空间扩散率 | 0.285 | 0.121 |
| 九寨沟-空间扩散率 | 0.467** | 0.008 |
| 大雁塔-空间扩散率 | 0.653** | 0.000 |

**在 0.01 水平（双侧）上显著相关。

## 6.3.2　回归分析

为进一步确定空间距离、人均可支配收入、互联网普及率和国内游客人数这 4 个变量对空间扩散率的影响程度，用多元回归分析作进一步分析（表 6-5）。其中，空间扩散率为因变量，空间距离、人均可支配收入、互联网普及率以及国内游客人数作为自变量，回归模型如下：

$$Y = \beta_0 + \beta_1 X_1 + \beta_2 X_2 + \beta_3 X_3 + \beta_4 X_4 + \varepsilon_i \tag{6-3}$$

其中，$Y$ 为空间扩散率；$X_1$ 为空间距离；$X_2$ 为人均可支配收入；$X_3$ 为互联网普及率；$X_4$ 为国内游客人数。

**表 6-5　逐步回归分析结果**

| 事件 | | 非标准化系数 | | 标准系数 | $t$ | Sig. | 相关性 | 共线性统计量 | |
|---|---|---|---|---|---|---|---|---|---|
| | | $B$ | 标准误差 | 试用版 | | | | 容差 | VIF |
| 华山 | （常量） | $-6.012\times10^{-16}$ | 0.096 | | 0.000 | 1.000 | | | |
| | 人均可支配收入 | 0.851 | 0.098 | 0.851 | 8.721 | 0.000 | 0.851 | 1.000 | 1.000 |
| 九寨沟 | （常量） | $2.885\times10^{-16}$ | 0.135 | | 0.000 | 1.000 | | | |
| | 人均可支配收入 | 0.672 | 0.138 | 0.672 | 4.880 | 0.000 | 0.672 | 1.000 | 1.000 |
| 大雁塔 | （常量） | $1.537\times10^{-16}$ | 0.106 | | 0.000 | 1.000 | | | |
| | 国内游客人数 | 0.605 | 0.109 | 0.605 | 5.578 | 0.000 | 0.653 | 0.991 | 1.009 |
| | 人均可支配收入 | 0.499 | 0.109 | 0.499 | 4.593 | 0.000 | 0.557 | 0.991 | 1.009 |
| 故宫 | （常量） | $-1.029\times10^{-16}$ | 0.117 | | 0.000 | 1.000 | | | |
| | 人均可支配收入 | 0.767 | 0.119 | 0.767 | 6.446 | 0.000 | 0.767 | 1.000 | 1.000 |
| 山海关 | （常量） | $1.754\times10^{-16}$ | 0.126 | | 0.000 | 1.000 | | | |
| | 人均可支配收入 | 0.726 | 0.128 | 0.726 | 5.691 | 0.000 | 0.726 | 1.000 | 1.000 |

对每起事件的因变量（空间扩散率）进行逐步回归分析，“华山事件”选择互联网普及率和人均可支配收入两个自变量进行回归分析，整体的 $R^2$ 为 0.724，调整后的 $R^2$ 为 0.714，这两个变量可以说明 71.4%的变化量，$F$ 检验的值为 71.05，效果显著（$p<0.01$）。互联网普及率的显著性检验未通过（$p=0.548>0.01$），人均可支配收入的 $t$ 检验值为 8.721（$p=0.000<0.01$），显著性良好，回归系数 $\beta$ 为 0.851，说明在“华山事件”中人均可支配收入因素对扩散率影响程度显著。

“九寨沟事件”中引入人均可支配收入、互联网普及率、国内游客人数 3 个自变量，并进行逐步回归，最终剔除了互联网普及率和国内游客人数两个变量。这两个变量的 $p$ 值分别为 0.456 和 0.542，均大于 0.01，没有通过显著性检验。最终只保留人均可支配收入这一自变量，其 $t$ 检验值为 4.880（$p=0.000<0.01$）。调整后的 $R^2$ 为 0.432，说明该变量可以解释 43.2%的变化量。$F$ 检验的值为 23.818，效果显著（$p<0.01$）。

“大雁塔事件”引入人均可支配收入、互联网普及率、国内游客人数 3 个自变量，通过逐步回归，最后保留国内游客人数和人均可支配收入两个自变量。整体的 $R^2$ 为 0.675，调整后的 $R^2$ 为 0.650，这两个变量可以说明 65.0%的变化量，$F$ 检验的值为 28.83，效果显著（$p<0.01$）。国内游客人数 $t$ 检验值为 5.578（$p=0.000<0.01$），人均可支配收入的 $t$ 检验值为 4.593（$p=0.000<0.01$），$\beta$ 值分别为 0.605 和 0.499。

“故宫事件”选择两个自变量进入回归分析，分别是互联网普及率和人均可支配收入，整体的 $R^2$ 为 0.589，调整后的 $R^2$ 为 0.575，这两个变量可以说明 57.5%的变化量，$F$ 检验的值为 41.553，效果显著（$p<0.01$）。互联网普及率的显著性检验未通过（$p=0.947>0.01$），人均可支配收入的 $t$ 检验值为 6.446（$p=0.001<0.01$），显著性良好，回归系数 $\beta$ 为 0.767，说明在“故宫事件”中人均可支配收入因素对扩散率影响程度显著。

“山海关事件”引入空间距离、互联网普及率及人均可支配收入 3 个自变量进行逐步回归分析，结果显示空间距离的 $t$ 检验值为 1.332（$p=0.194>0.001$），互联网普及率的 $t$ 检验值为 0.059（$p=0.954>0.001$），两个指标均未通过显著性检验，模型仅保留人均可支配收入，整体的 $R^2$ 为 0.528，调整后的 $R^2$ 为 0.511，$F$ 检验的值为 32.389，效果显著（$p<0.01$）。回归系数 $\beta$ 为 0.726，说明在“山海关事件”中人均可支配收入因素对扩散率影响程度显著。

5 起景区危机事件的多元回归结果显示，在空间距离、互联网普及率、人均可支配收入等要素中，始终能够进入逐步回归方程的仅有人均可支配收入 1 个变量，说明在这些要素中人均可支配收入对危机事件的空间扩散起着重要的作用。

### 6.3.3　小结

通过对 5 起景区危机信息（微博信息）的在线空间扩散特征、扩散效应及影响因素分析得出以下主要结论。

（1）景区危机信息较其他旅游信息在空间扩散范围上更广，具有全域性，且约有 50%的省份贡献了约 80%的信息扩散量，呈现“五八”现象。5 起事件地理集中指数均较小，与其他旅游产品及营销信息相比偏小。这表明在互联网背景下，公众参与危机事件信息的空间范围扩大，对景区危机信息也更敏感。

（2）景区危机信息扩散整体集中在我国东部经济发达地区，事件在周边邻近省份的扩散较弱。研究发现，危机事件发生地、北京、广东、上海、江苏以及浙江等省份的扩散率高，这些省份在景区危机信息的空间扩散方向上发挥导向重要作用。而“山海关事件”之所以对周边邻近省份的影响强度大，其原因也在于山海关距离北京较近，北京作为全国政治文化及经济中心，是重要的信息场，对其危机事件信息的扩散贡献大。5 起事件中，危机事件发生地的扩散率明显高于其他省份，危机事件发生地一般为信息源头，当危机发生时，目的地在信息获取及关注程度上一般较其他地区反应强烈。在其他相关研究中，北京、广东、上海、江苏等地均属于高扩散率地区，在景区危机信息空间扩散中这些省份统一扮演了重要角色，与其他信息的空间扩散无异。

（3）景区危机信息的空间扩散存在一定的距离衰减现象，即随着空间距离的扩大，空间扩散强度减弱，但空间距离并不是影响景区危机信息空间扩散效应的主要因素，互联网时代，现实地理中的空间距离要素在信息扩散中弱化。从 5 起危机事件扩散效应来看，周边邻近省份的扩散强度弱，而且相关性分析结果显示“华山”“大雁塔”“故宫”“山海关”景区危机事件的空间扩散率与空间扩散距离有负相关关系，但前 3 起事件的相关性并不显著。

（4）区域经济发展水平对于景区危机事件的地理空间扩散起重要作用。相关性分析结果显示，人均可支配收入、互联网普及率与景区危机信息空间扩散率在 0.01 水平上显著相关，“大雁塔事件”“九寨沟事件”的空间扩散率与国内游客人数也具有显著相关性，但进行进一步的逐步回归分析，发现最终能够解释景区危机信息空间扩散效应的重要因素只有人均可支配收入。人均可支配收入是消费开支的重要决定因素，常用来衡量一个地区生活水平和经济发展水平。可见一个地区的生活水平越高，对此类事件的关注程度越高。经济发展水平达到一定程度，人们对精神文化的追求更高。旅游活动属于人类更高层次的社会文化活动，景区发生的各类危机事件不会影响人们的衣食住行，但会影响人们对社会文化、思想道德等的认知与接受以及旅游体验等。因此，经济发展水平高的地区对旅游危机事件更为关注和敏感。

## 参 考 文 献

[1] 李君轶. 旅游信息科学导论[M]. 北京：科学出版社，2014.

[2] 曼纽尔·卡斯特. 网络社会的崛起[M]. 夏铸九等，译. 北京：社会科学文献出版社，2006.

[3] 许小可，胡海波，张伦，等. 社交网络上的计算传播学[M]. 北京：高等教育出版社，2015.

[4] 黄少华，翟本瑞. 网络社会学：学科定位与议题[M]. 北京：中国社会科学出版社，2006：131.

[5] 魏治. 流空间视角的沈阳市空间结构研究[D]. 长春：东北师范大学，2013.

[6] 刘军. 整体网分析讲义——UCINET 软件应用[R]. 第二届社会网与关系管理研讨会资料. 哈尔滨：哈尔滨工程大学社会学系，2007.

[7] 周芳如，吴姗姗，吴晋峰，等. 旅游信息微博传播网络结构及时空特征[J]. 经济地理，2016，36（6）：195-203.

# 第 7 章　景区危机信息扩散模式

微博上最常见的用户之间的互动就是“转发”功能，“转发”是将别人所发布的微博引用到自己的微博主页上，作为自己更新的一条微博内容，用户可以选择对这条“转发”的微博发表评论或者仅仅转发[1]。每个微博用户都拥有自己数量不一的粉丝群，这些粉丝群之间还可能是互相渗透的小世界状态。每一个微博用户所发布的景区危机信息都可以即时地通过转发扩散至他的粉丝。由于名人、媒体以及官方微博等拥有强大的粉丝数，所以他们往往成为景区危机信息扩散的关键节点。如果一个微博用户拥有上百万的粉丝，他所发布的景区危机信息就有可能被上百万的人看到，并被上百万人评论、转发，转发后的景区危机信息又会被更多的人看到和转发。当某条景区危机信息不断被转发时，一个由每个粉丝作为节点、粉丝之间相互叠套的多级景区危机信息扩散网络就形成了。微博的这种信息扩散模式使得一条小小的景区危机信息就可以表现出明显的裂变式信息扩散形态，形成病毒式的传播机制，引发巨大的“蝴蝶效应”。除原始信息源以外，每个粉丝既可以是景区危机信息扩散的终点，又可以是景区危机信息扩散的起点。

每条微博信息扩散都会形成一个特定的扩散网络，为了对景区危机在微博上的具体扩散路径有一个直观的认识，即了解景区危机信息由发布者发布后，通过关键节点、关键节点粉丝及粉丝的粉丝对景区危机信息进行转发而形成的具体扩散路径，将景区危机信息在微博扩散的路径进行可视化。

微博景区危机信息扩散的真实网络用有向图表示为 $G=\{V, E\}$。其中，$V$ 表示微博用户节点的集合，由微博景区危机信息的原创节点 $v_0$ 以及其他转发节点 $V'$ 共同组成：$V=\{v_0\}\cup V'$，$V'=\{V_1, \cdots, V_i, \cdots, V_n\}$，节点不但可对景区危机信息进行发布，还可对其他用户微博的景区危机信息进行转发。其他转发节点 $V'$中，$V_1$ 代表景区危机信息由 $v_0$ 发布后，首先到达的节点所组成的集合，即一级信息扩散节点集合，其危机信息扩散路径长度为 1；$V_2$ 代表景区危机信息由 $v_0$ 发布后并经过 $V_1$ 中部分节点所到达的节点组成的集合，即二级信息扩散节点集合，其危机信息扩散路径长度为 2；其他 $V_i$ 含义以此类推。显然，对于 $\forall V_i$ 和 $V_j$，$V_i\cap V_j=\varnothing$。$E$

表示连接用户节点彼此之间边的集合。此外，设 $v_k \in V_k$，即 $v_1 \in V_1$，$v_2 \in V_2$，…，则称 $v_0 \to v_1$ 为一级信息扩散路径；$v_0 \to v_1 \to v_2$ 为二级信息扩散路径，其他以此类推[2]。分析不同信息源导致景区危机信息在微博上的扩散路径，找到其中的一些普遍规律。

## 7.1　危机信息扩散路径模式

有关微博信息的扩散模式，在信息学和计算机科学领域，学者进行过深入研究与探讨，目前形成几种代表性观点和模式，主要有裂变模式[3]、双核模式、蒲公英模式[4]、多点模式等。裂变模式就像原子弹般的裂变形态，可以以几何级的扩散速度增长。双核模式是在危机信息传播过程中，出现一个比信息源更具影响力或者影响力相当的关键账户，从而形成与信息源并存的两大信息扩散流。蒲公英模式与多点模式都是在传播过程中出现多个关键节点转发该信息并形成小范围的扩散。它们的区别在于蒲公英模式仅仅扩散到二级，下面再没有其他节点；多点模式的关键节点能够推动景区危机信息的更广扩散，并形成小型或者局部的多级扩散。危机事件在微博的传播路径最基本的无疑是裂变模式，其他不同模式都是在裂变模式的基础上进行转化的，复杂的事件扩散模式也可能是上述几种模式交织的综合模式。

### 7.1.1　裂变模式

裂变模式的景区危机信息扩散过程就如同原子核分裂的过程一样迅速、广泛且酝酿着巨大的能量。信息就像原子核分裂成两个或者更多，然后不断地分裂复制，使得景区危机信息在短时间内不断地传播和扩散，爆发出巨大的威力(图 7-1)。因此，一条景区危机信息的微博一经发出，通过对此微博感兴趣的节点就会继续转发分享给其他的粉丝，如果在信息扩散过程中遇到“关键节点”并被其转发，就会由关键节点转向给他更多的粉丝，出现一个更大向外裂变的模式，不断扩大信息的扩散范围，并以此裂变模式迅速在网络上蔓延开来，使得景区危机信息在短时间内被广泛地知晓，最大化地被传播和扩散。这种裂变模式依赖于微博特有的“关注”和“转发”功能，粉丝通过关注接受景区危机信息，通过转发加速景区危机信息的传播，使得景区危机信息在被关注的同时不断地推动危机信息的扩散[5]。裂变模式扩散是一个无限延伸的扩散过程，微博特有的优势使得危机信息在短期内迅速集聚巨大的能量并发生核变扩散开来，快速形成舆论焦点，造成无法估量的巨大威力，远远超越之前任何传播媒介产品的扩散速度、广度和深度[6]。

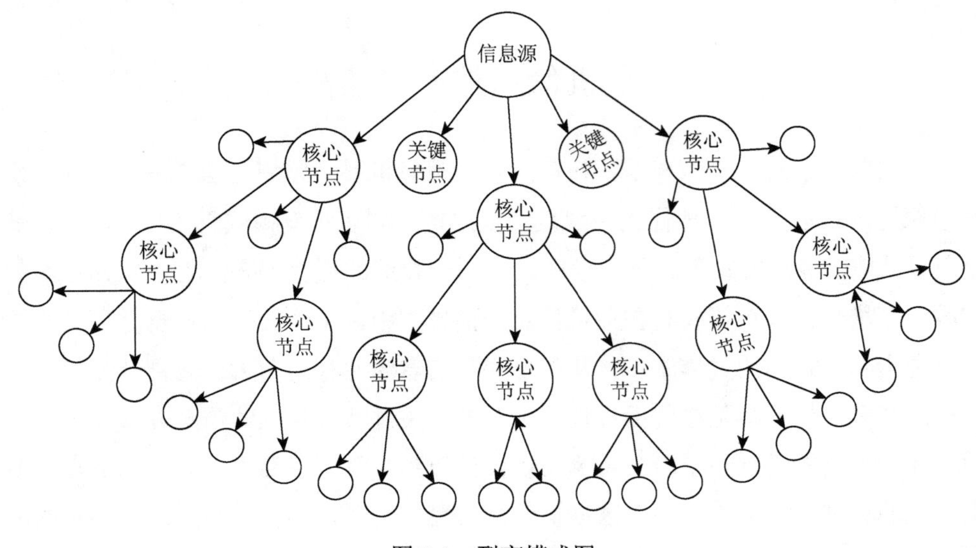


图 7-1　裂变模式图

### 7.1.2　双核模式

双核模式是在景区危机信息扩散过程中，出现一个比起始信息源更具影响力或者影响力接近的核心节点。这个核心节点会从起始信息源分裂出来，或者与之进行激烈的交互，两者的粉丝中有绝大部分会伴随着该节点参与转发，围绕着起始信息源和这个核心节点形成强大的信息扩散流（图 7-2）。

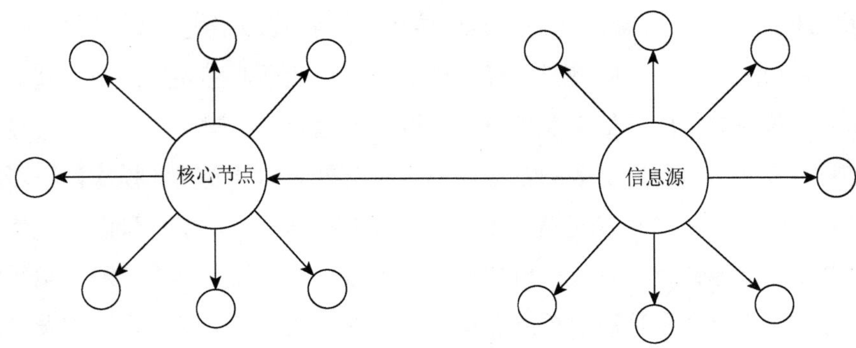


图 7-2　双核模式图

### 7.1.3　蒲公英模式

蒲公英模式看似与裂变模式相同，但又不完全相同。蒲公英模式是指景区危机信息由起始信息源，即一个微博用户发布，产生多个关键节点转发该景区危机信息，并以这些关键节点为中心再次进行景区危机信息的多级扩散传播，如图 7-3 所示。这种传播方式就像蒲公英一样，一粒种子被吹到哪里，就会在哪里生根发芽长出更多的蒲公英。一个旅游危机事件的微博信息引起大众网民的关注，被无数次地浏览、转发和分享，并不断围绕这些二次转发再次进行多次转发，形成一个个或大型或小型的爆发点，使得景区危机信息不断地扩散，网络用户的关注程度不断加深，转发层次加深。

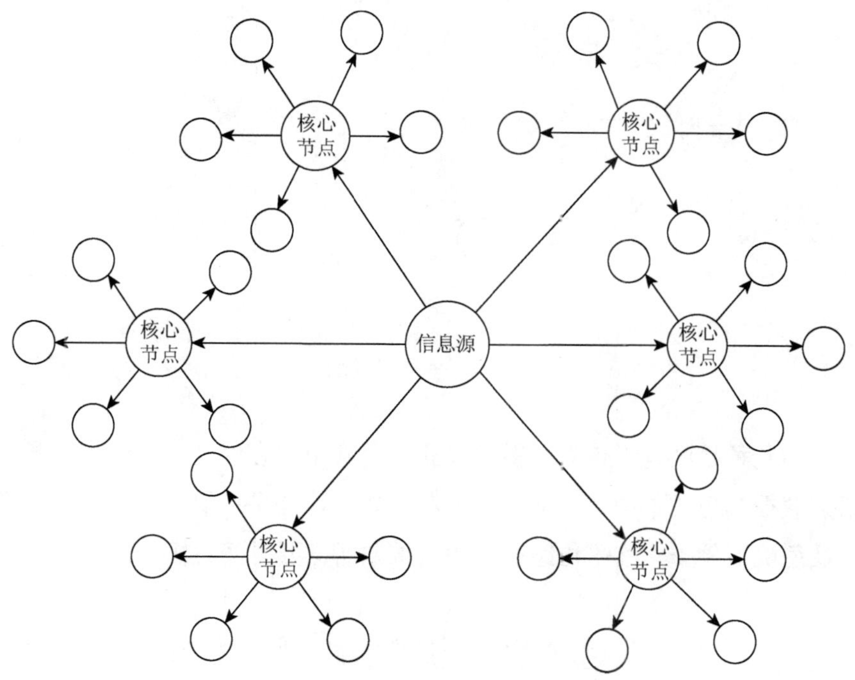


图 7-3　蒲公英模式图

### 7.1.4　多点模式

多点扩散，即多关键节点扩散。多关键节点扩散不同于蒲公英模式那么复杂，多关键节点是在围绕起始信息源形成多个节点扩散时产生多个关键节点推动景区危机信息持续发展和扩散，然后形成局部的小范围的信息扩散。这些多个关键节点能有效地推动信息的进一步扩散，引发小范围的“中心式”扩散[7]或者多级扩散（图 7-4）。但是，值得注意的是，并不是所有的关键节点都会形成多级信息扩散。

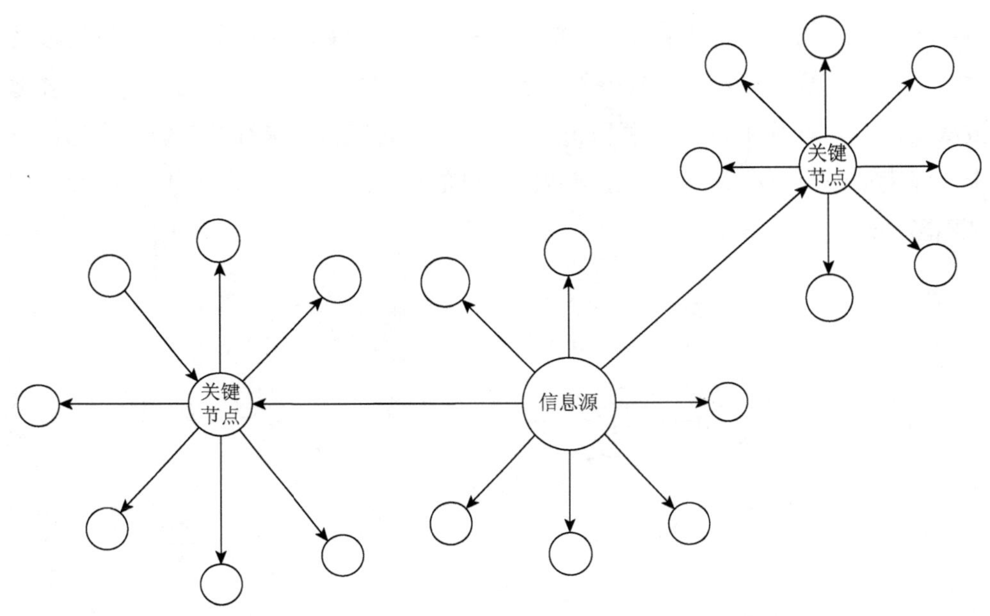


图 7-4　多点模式图

从上述几种景区危机信息扩散的模式可以看出，在线社交媒体中，景区危机的网络扩散很难形成单中心点的信息扩散模式，而是呈现层级信息扩散渠道的交织，以及危机事件类网络平均路径较短，扩散所需要时间较短[8]等特征。

## 7.2　景区危机信息扩散路径案例分析

依据景区危机信息扩散路径的常见模式，结合“华山事件”“九寨沟事件”“大雁塔事件”“故宫事件”“山海关事件” 5 个景区危机事件进行案例分析。每个危机事件选择 4 个具有代表性的关键账号，利用 Gephi 软件进行可视化制图，并结合知微数据进行模式分析，表 7-1 为景区危机关键账号基本信息。

表 7-1　景区危机关键账号基本信息

| 事件 | 网名 | 曝光量 | 微力值 | 扩散路径模式 |
|---|---|---|---|---|
| 华山事件 | 魅影丫 | 11 087 | 84 | 双核模式 |
| | 头条新闻 | 23 219 | 78 | 蒲公英模式 |
| | 纵伤 | 6 907 | 81 | 多点模式 |
| 九寨沟事件 | 东方早报 | 2 952 | 78 | 裂变模式 |
| | 央视新闻 | 13 053 | 78 | 蒲公英模式 |
| | 人民日报 | 8 850 | 80 | 蒲公英模式 |
| | 广州日报 | 652 | 71 | 多点模式 |
| 大雁塔事件 | 新浪陕西 | 401 | 66 | 双核模式 |
| | 人民日报 | 8 409 | 78 | 双核模式 |
| | 公安部打四黑除四害 | 2 367 | 73 | 多点模式 |
| | 央视新闻 | 5 266 | 76 | 多点与双核结合模式 |
| 故宫事件 | VISTA 看天下 | 2 181 | 74 | 蒲公英模式 |
| | 南方都市报 | 1 714 | 76 | 蒲公英模式 |
| | 新京报 | 3 514 | 78 | 多点与双核结合模式 |
| | 北京人不知道的北京事儿 | 398 | 73 | 多点模式 |
| 山海关事件 | 新京报 | 5 153 | 74 | 双核模式 |
| | 人民日报 | 9 206 | 80 | 蒲公英模式 |
| | 财经网 | 3 186 | 77 | 多点模式 |
| | 头条新闻 | 5 484 | 76 | 多点模式 |

注：在 2015 年 10 月开始结合知微数据分析平台分析数据时，“在西安”微博账号已删除，因此无法获取该账号在当时的曝光量和微力值。

### 7.2.1　“华山事件”案例分析

“华山事件”共有 4 个信息源作为案例分析的典型代表，其危机信息扩散路径呈现 4 种不同模式，分别为裂变模式、双核模式、蒲公英模式和多点模式。

1）裂变模式

“在西安”属于非新闻类的官方微博，其建立之初强调是正在发生的纪录片，是已经发生的记事簿，是写给未来的日记本，旨在一起发现西安，记录西安，分享西安。从图 7-5 可知，以“在西安”为信息源，通过一级核心节点如“唐恬”“nownow”，或者“大连大脸猫”“袁秋乡”等桥节点不断裂变出更多的核心节点如“陈昊芝”“春水伊人”等，然后通过这些二、三级核心节点不断地继续裂变，在整个景区危机信息扩散过程中呈现明显的多级裂变模式，裂变的最长路径可达10级传播。

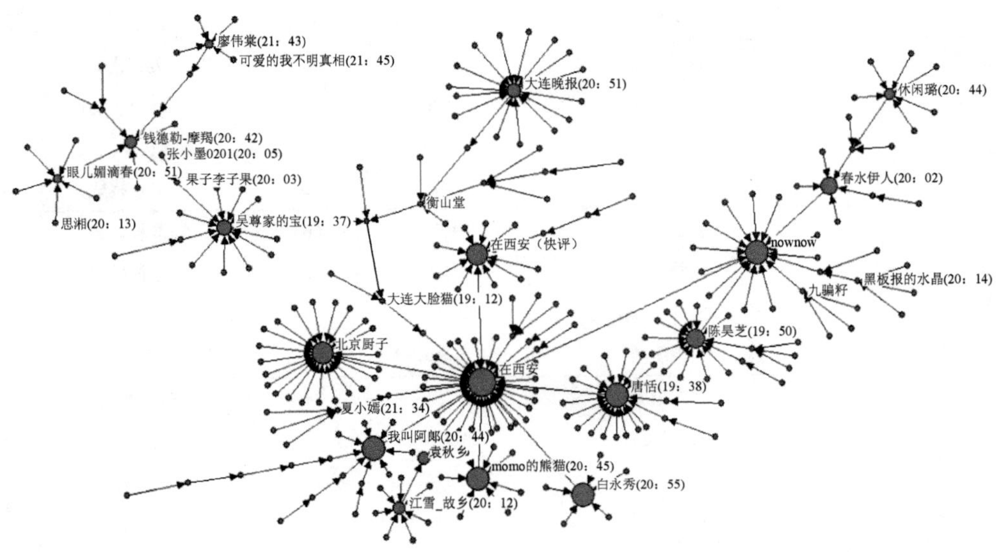


图 7-5 华山事件-“在西安”微博节点扩散模式

2）双核模式

“华山事件”中，除了“魅影丫”是华山事件目击者的微博，还出现了比“魅影丫”影响力更大的新闻官方微博“财经网”(图 7-6)。整个信息围绕这两个核心节点进行传播，形成更广泛和强大的微博信息转发流，在景区危机信息传播过程中呈现双核模式。微博信息节点在围绕这两个核心节点进行扩散的同时，大部分节点的传播路径集中在1～3级，出现4级以上的多级传播路径很少。除了“财经网”这个核心节点，出现了“喷嚏网铂程”和“纵伤”两个明显的关键节点，他们分别是官方微博和事件当事人。这与前面关键节点特征分析的结果类似，即官方微博和事件当事人在一级关键节点中起着关键的作用。

3）蒲公英模式

“华山事件”中，从图 7-7 中能够明显看出，以“头条新闻”的微博为起始信息源，在一级信息扩散过程中出现多个核心的关键节点，形成了比起始信息源更

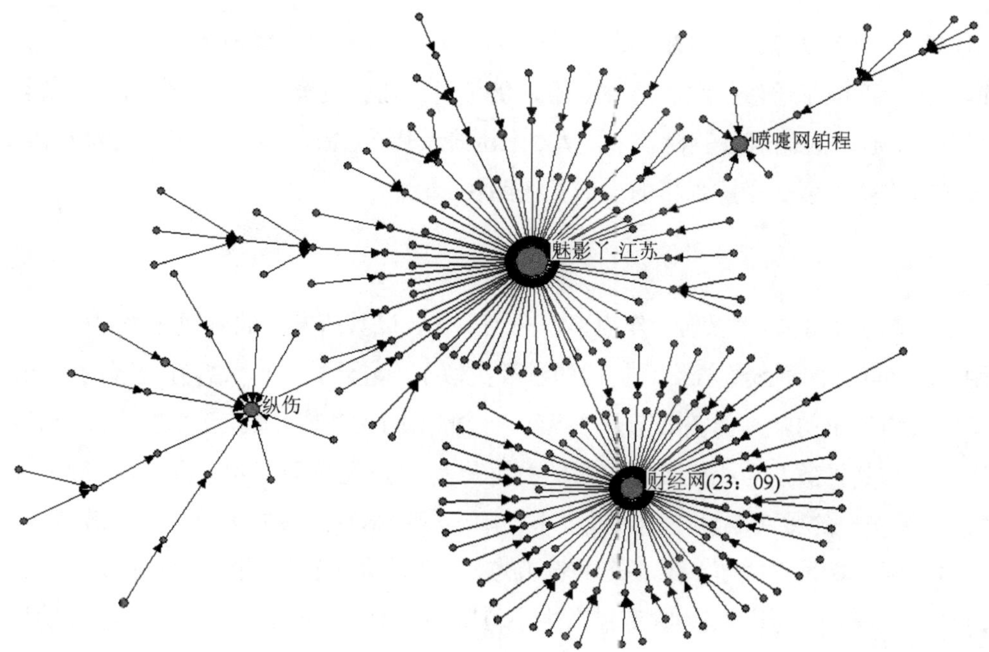


图 7-6　华山事件-“魅影丫”微博节点扩散模式

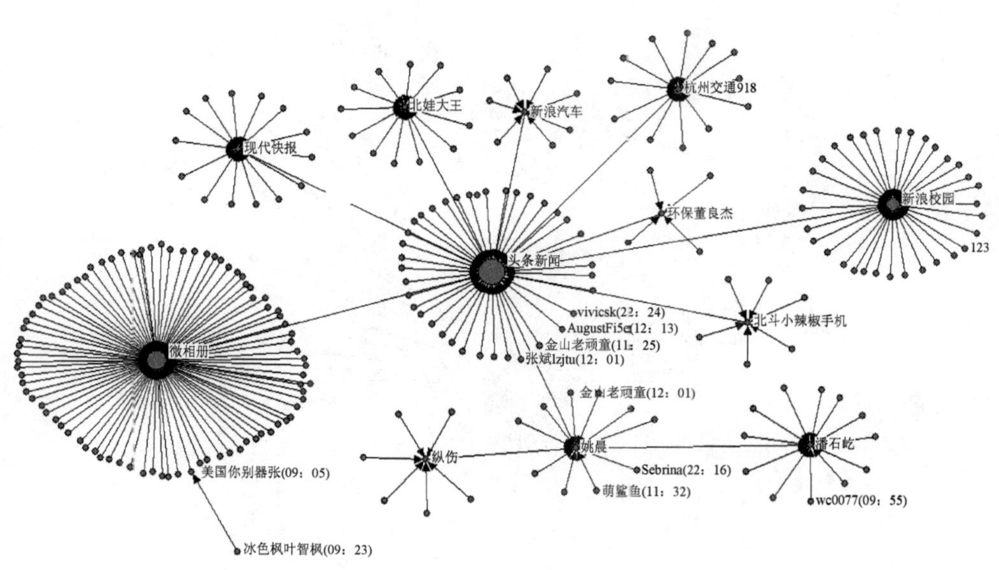


图 7-7　华山事件-“头条新闻”微博节点扩散模式

大规模的信息爆炸圈，如“微相册”“姚晨”“新浪校园”，以及多个小型的危机信息传播关键节点，如“北娃大王”“杭州交通 918”“现代快报”“新浪汽车”等，形成了小型爆发点。其中在“姚晨”一级扩散下，出现了“潘石屹”，并在这一关键节点上形成了层级扩散。总体来看，仍呈现出蒲公英模式。在整个以“头条新闻”为中心形成的蒲公英模式中，基本上围绕其所产生的关键节点形成二级扩散，并没有产生如裂变模式那样的多级扩散路径。

4）多点模式

由图 7-8 可知，“纵伤”作为事件的当事人，以其所发布的微博作为起始信息源，其节点进行景区危机信息扩散的过程类似于“魅影丫”，但又存在明显的不同。其中最为突出的就是由核心节点“纵伤”延伸出的关键节点数量，“魅影丫”出现了能够与其扩散能力相媲美的更大的关键节点（“财经网”），形成了典型的双核模式；“纵伤”的微博信息在扩散过程中，除了围绕本身形成的大量一级扩散节点，同时出现了转发量大于 6 的多个关键节点，如“纠结者要做公民”“飞鹰随风”“沧海客-辰”等，围绕这些关键节点产生小范围的局部危机信息扩散，进一步推动景区危机信息向更多级的扩散。

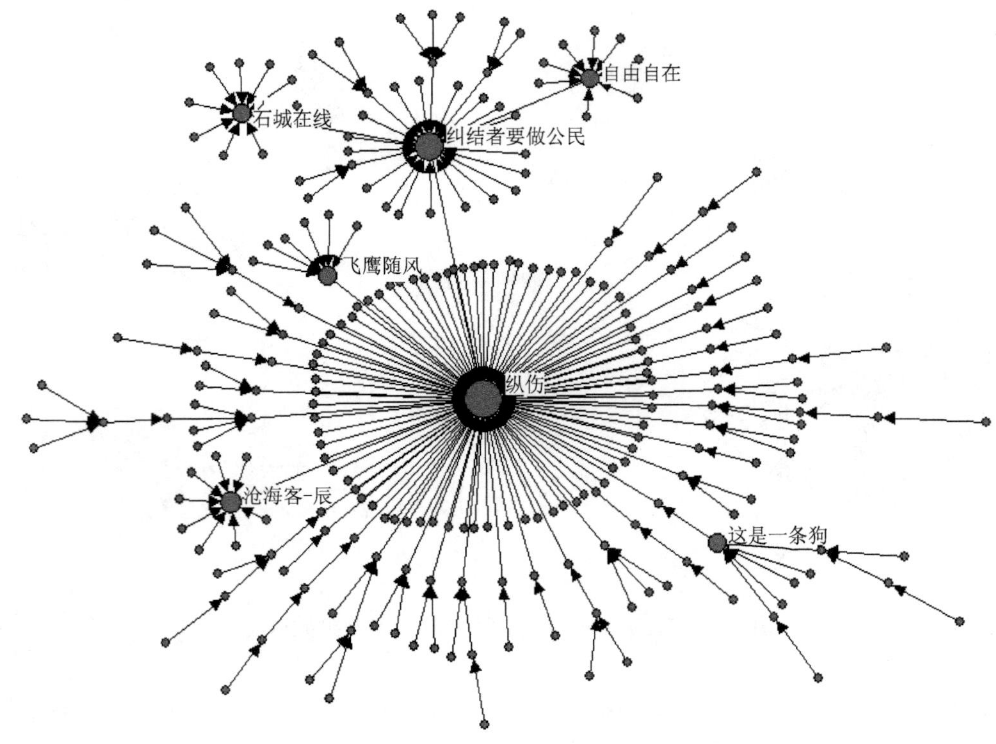


图 7-8　华山事件-“纵伤”微博节点扩散模式

### 7.2.2 “九寨沟事件”案例分析

“九寨沟事件”中，4 个信息源呈现了 3 种危机信息扩散模式，分别是 1 个裂变模式、2 个蒲公英模式和 1 个多点模式。

1）裂变模式

在“九寨沟事件”中，“东方早报”呈现出典型的裂变模式。《东方早报》是 2003 年上海文汇新民联合报业集团出版的报刊，主要以服务上海和长江三角洲（简称长三角）的经济发展、繁荣中国报业市场为目的，它的受众定位为长三角居民，以及关注上海、关注长三角、关注中国的人士，其主体是经济界人士和影响力、购买力正在上升的新一代市民。此微博账号为《东方早报》的官方微博。

从图 7-9 中能够明显看出，以“东方早报”的微博为起始信息源，在一级信

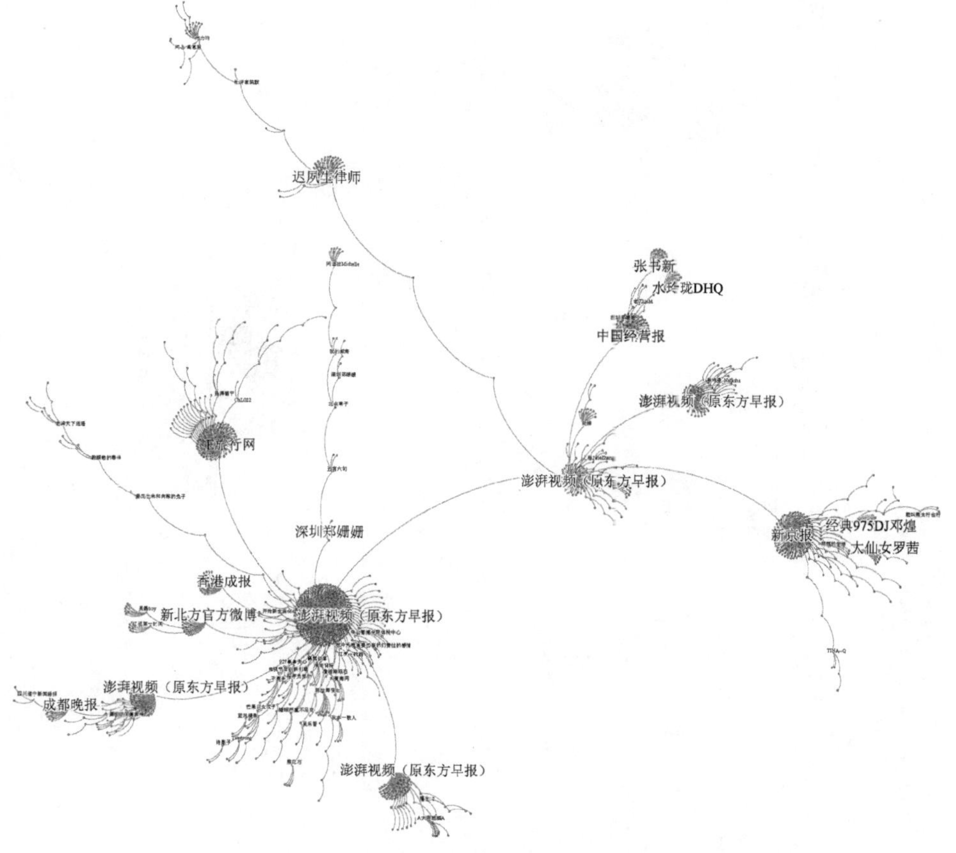


图 7-9　九寨沟事件-“东方早报”微博节点扩散图

息扩散过程中出现多个类似于起始信息源的二级核心节点，形成了比起始信息源更大规模的信息爆炸圈，如“E 旅行网”“新北方官方微博”“东方早报”等二级核心节点，以及多个小型的危机信息传播关键节点，如“深圳郑姗姗”“迟夙生律师”“张书新”“香港成报”等，产生了小型的爆发点。在这些二级核心节点和关键节点上裂变出更多核心节点，并在这些三级节点上进一步传播，最终信息扩散深度为 8 级，其传播层级主要分布在第 1～3 级，其中第一、二级扩散量基本相当，分别为 34.5%和 33%，第三级约占 23%。

2）蒲公英模式

在“九寨沟事件”的信息扩散中，信息源“央视新闻”和“人民日报”呈现出典型的蒲公英模式（图 7-10 和图 7-11）。“央视新闻”是中央电视台新闻中心官

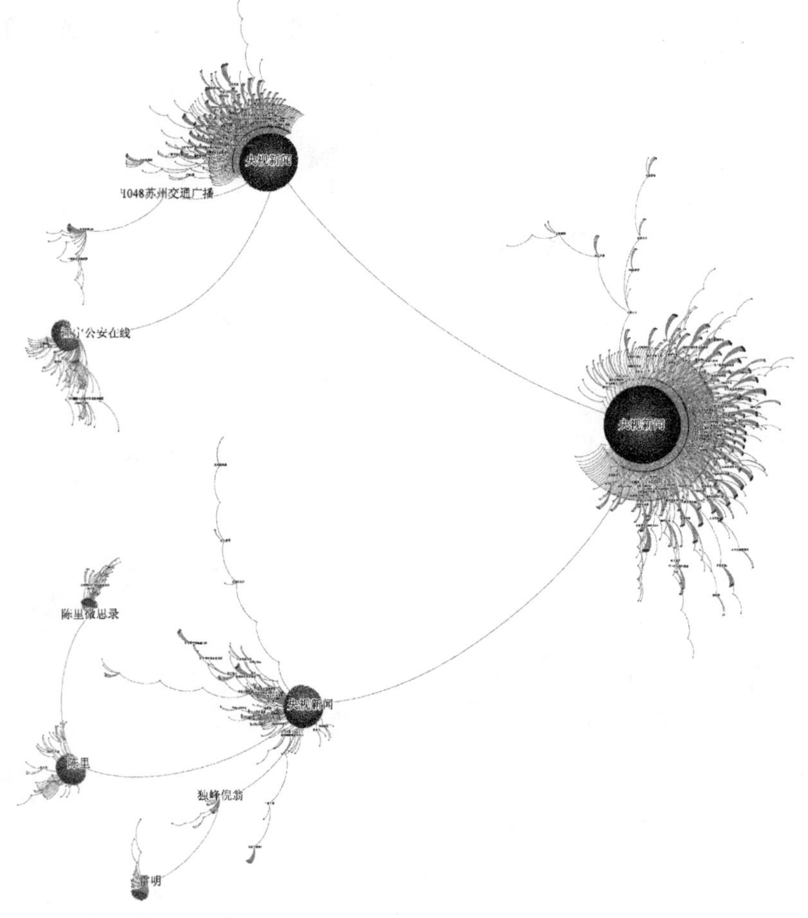


图 7-10　九寨沟事件-“央视新闻”微博节点扩散图

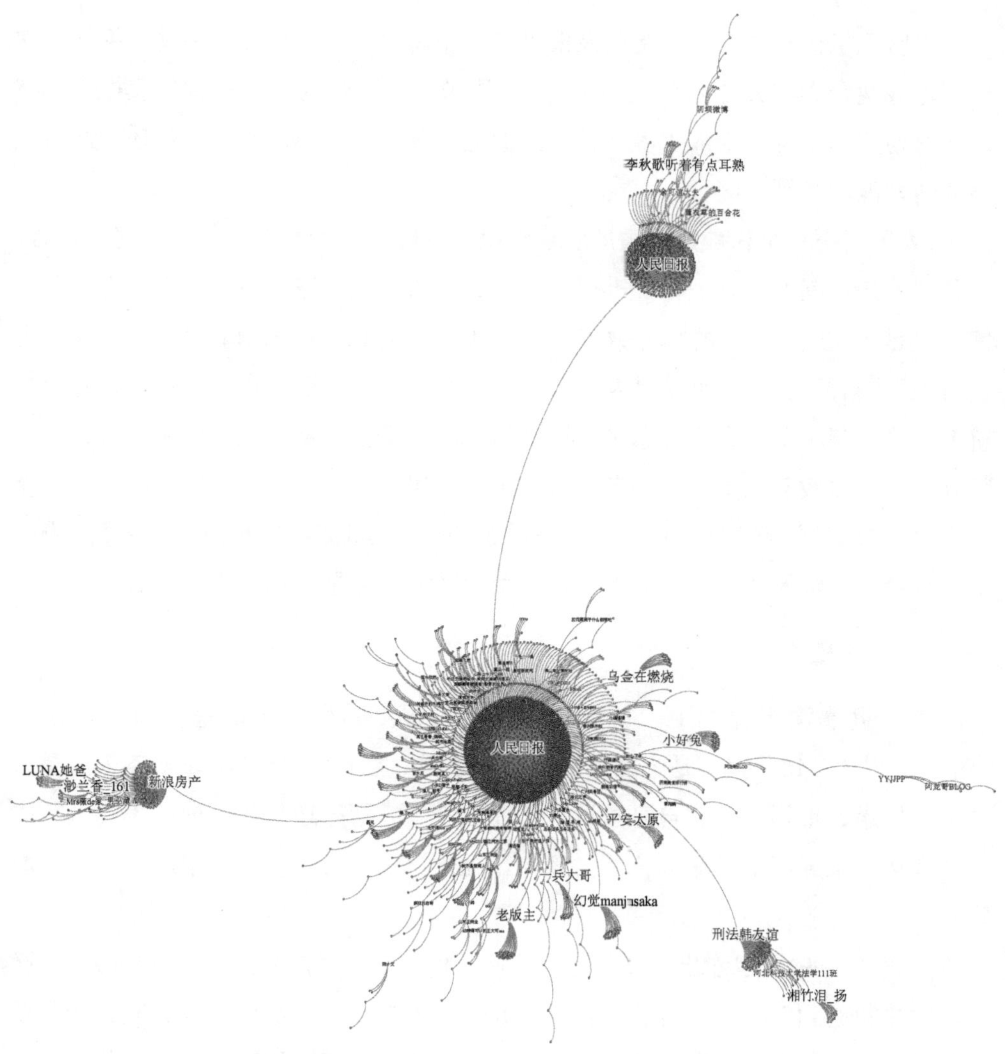


图 7-11　九寨沟事件-“人民日报”微博节点扩散图

方微博，以首发新闻、独家报道、图像优势为特色，与更多网友分享优质的实时信息、新闻资讯、观点评论等，并将网络舆情及时反馈到节目中，进一步拓展央视新闻的传播渠道，扩大影响力。截至 2015 年 4 月 21 日，新浪微博粉丝 3100 余万人，居新浪微博第二位，仅次于《人民日报》的新浪官方微博。“央视新闻”微博转发总量为 11 050 条，关键节点数量多，由图 7-10 可知，在危机信息传播中，“央视新闻”对原始微博进行了 2 次不同的跟踪转发，并分别形成了关键节点，在此节点上进行更多层级的扩散，其二次转发量分别为 2791 条和 2429 条，进一步推动了景区危机信息的扩散。此条微博以“央视新闻”为信息源，经过自身的二次转发形成两个大的关键节点，并出现多个边缘节点，如“独峰倪翁”“陈里”“1048苏州交通广播”等，形成了多次转发，促进了景区危机信息的深度传播，此条微博的转发深度达到 7 级。

《人民日报》是权威、严肃的综合性报纸，能够对新闻事件作出迅速、及时、有效的反应，其特色是及时、准确、客观、有深度地报道国内外重大事件，此微博账号是《人民日报》的官方微博。“人民日报”在信息扩散过程中，形成了“人民日报”“新浪房产”“刑法韩友谊”三个较大的二级关键节点，并围绕这几个关键节点进一步扩散，最终信息扩散深度为 7 级。其扩散层级以一级和二级为主，特别是转发量较高的关键核心节点多数位于一级节点，其中“人民日报”的一级总转发数量达到 1402 条，占总转发量的 57.9%，尤其是一级扩散中“人民日报”的跟踪转发，转发数量达到 635 条，推动景区危机信息向更多级的扩散。

3）多点模式

在“九寨沟事件”中，信息源“广州日报”的微博扩散呈现为多点模式（图 7-12)。《广州日报》是中共广州市委机关报，创刊于 1952 年，多年来注重通过新闻报道、市场推广、自身建设、业界创新等方面塑造品牌价值和影响力，成为华南第一报媒和最具品牌传播力媒体。此微博账号为《广州日报》的官方微博账号。

从图 7-12 中可以看出，信息源“广州日报”的信息扩散集中在第一层级，微博转发总数达到 393 条，占总转发量的 81%，而在第一层级中，具有较大转发量的节点较少，仅有微博账户“嘴记”形成了一个很小范围的扩散，除此节点外，一级和二级节点并没有出现其他转发量较大的关键节点，平均转发量维持在 2 条左右，二级转发为 77 条，占总转发量的 15.9%。图中许多关键节点充当了“桥”的作用，延长了多级扩散，扩散深度为 4 级，且传播扩散集中在一级扩散和二级扩散。

### 7.2.3 “大雁塔事件”案例分析

“大雁塔事件”中，4 个信息源呈现出 3 种模式，分别为双核模式、多点模式以及多点与双核结合模式。

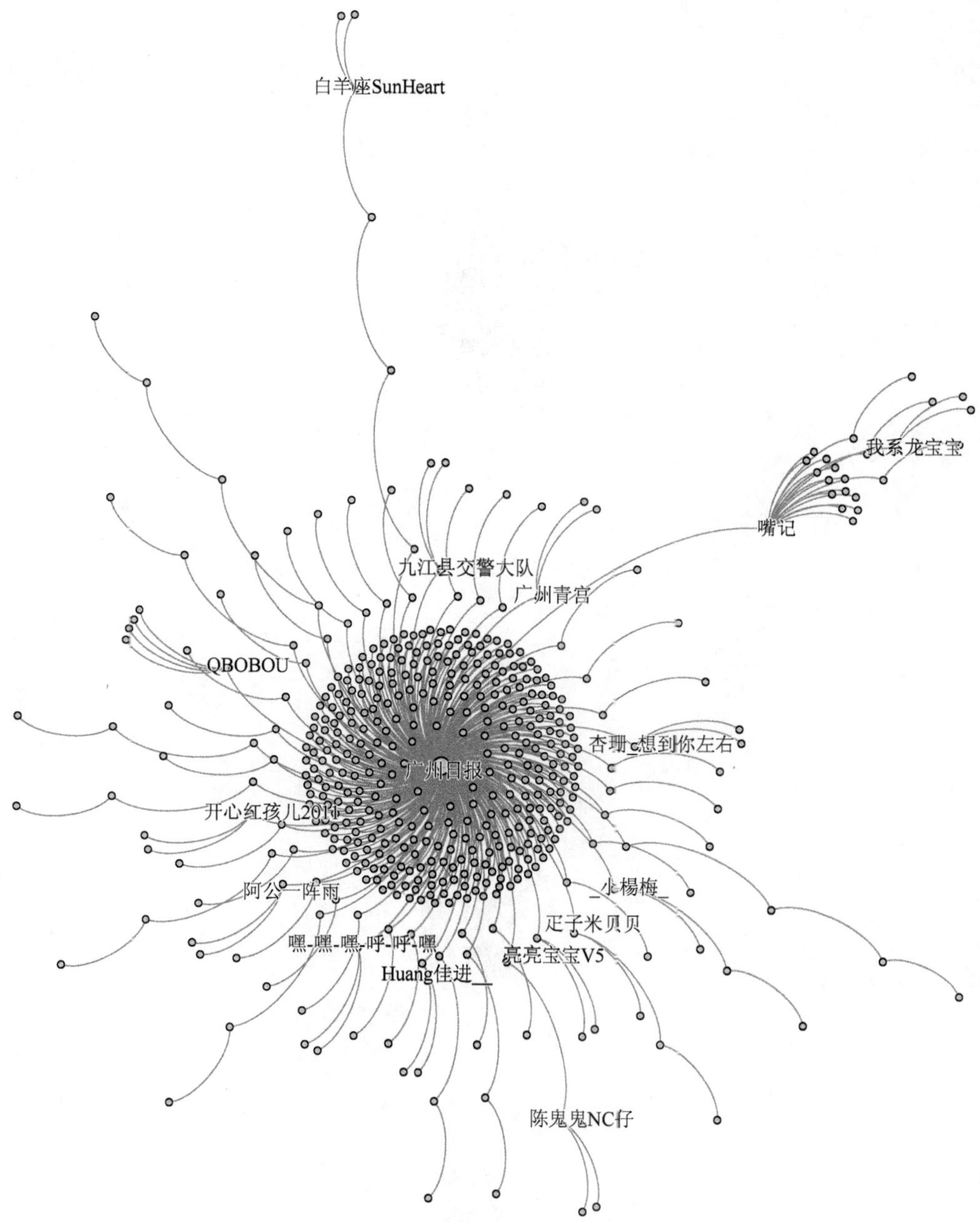


图 7-12　九寨沟事件-“广州日报”微博节点扩散图

1）双核模式

在“大雁塔事件”中，出现两个双核模式的微博信息源，分别为“新浪陕西”和“人民日报”（图 7-13 和图 7-14），均由二次转发报道（跟踪报道）而形成双核

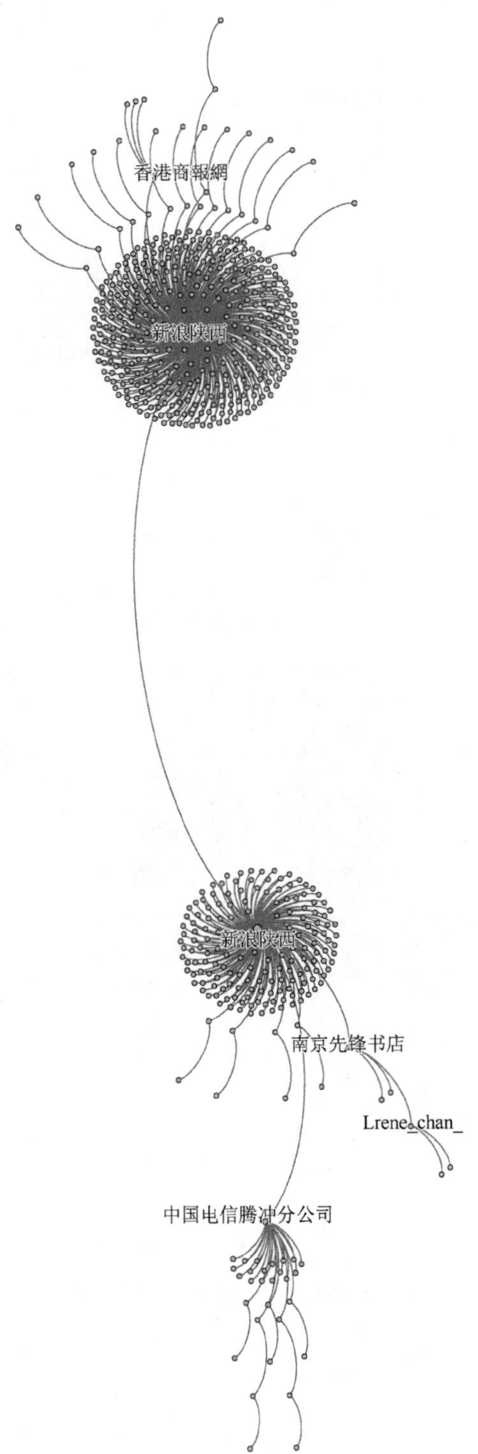


图 7-13　大雁塔事件-“新浪陕西”微博节点扩散图

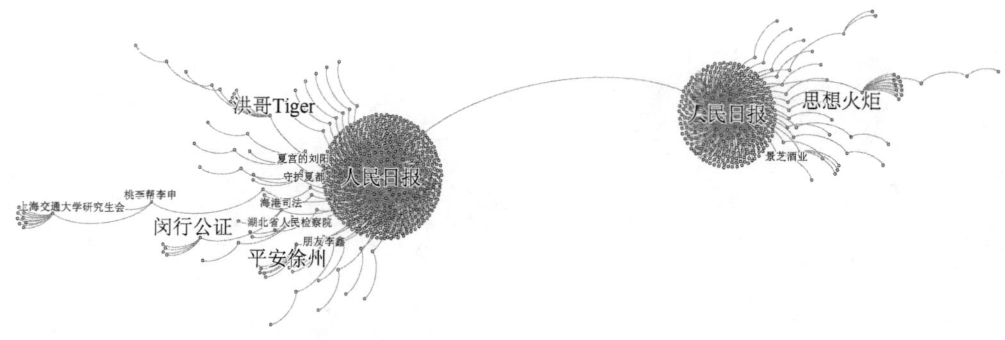


图 7-14　大雁塔事件-“人民日报”微博节点扩散图

传播的情况。信息源“新浪陕西”在 10 月 3 日 11：24 发出微博，10 月 5 日 11：27“新浪陕西”进行了跟踪报道，此跟踪报道的微博影响力超过首次微博，其二级传播量高达 68.6%，超出一级信息传播量 40%以上，并与信息源“新浪陕西”形成更加强大广泛的信息扩散流。但同时微博信息节点围绕这两个节点扩散时，大部分节点的传播路径也同样停止在 1～2 级，3 级以上的传播路径较少。信息源“人民日报”在 10 月 5 日 11：28 发出微博后，于 10 月 5 日 16：55 进行二次跟踪报道，其传播影响力接近信息源“人民日报”，危机信息围绕这两个核心节点进行传播，在扩散过程中呈现出双核模式。其传播深度为 6 级，其扩散过程集中在一级扩散，占总传播量的 59.0%。“人民日报”作为报纸类法人微博，其粉丝量及关注度高，因此在此次危机信息传播中影响力接近信息源，在传播过程中起着关键作用。

2）多点模式

在“大雁塔事件”中，信息源“公安部打四黑除四害”在危机信息传播过程中，呈现出一级扩散中以公安司法机关类为核心关键节点的特征，且信息传播路径为多点模式（图 7-15）。“公安部打四黑除四害”在信息扩散过程中，由一级节点“广西河池公安”“苏州公安”等进行转发扩散，之后再由“凤山县公安局 1”“巴马公安”“宜州公安”等二级节点再次转发，形成局部“中心式”扩散模式，且在转发过程中并没有形成能够与信息源影响力接近的关键节点，并同时出现大于 1 的多个关键节点，其传播深度为 3 级，在扩散过程中，一级扩散所占比例最大，为 58.8%。

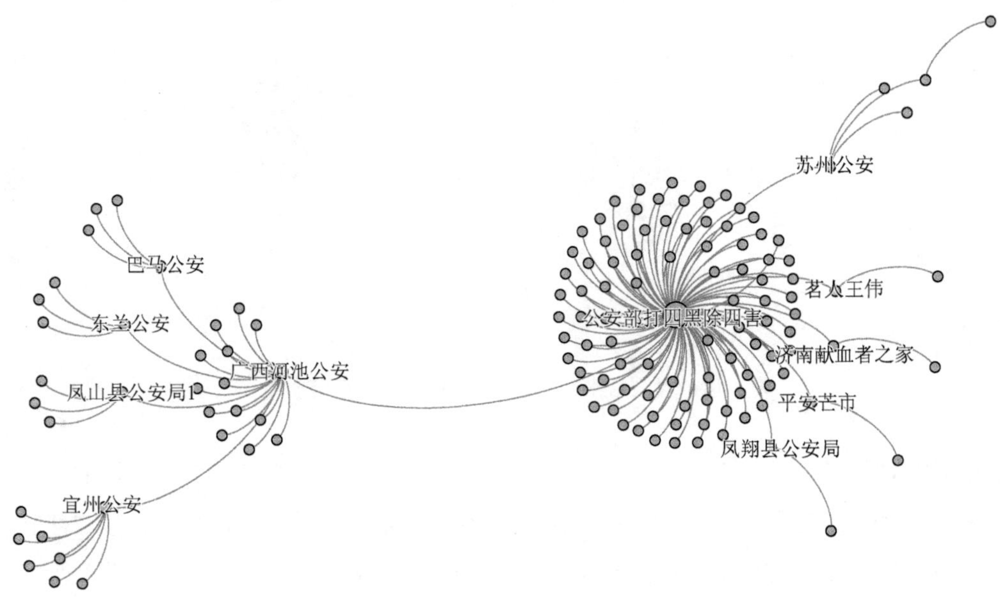


图 7-15　大雁塔事件-“公安部打四黑除四害”微博节点扩散图

3）多点与双核结合模式

信息源“央视新闻”在微博扩散过程中，出现了与信息源“央视新闻”并列的核心节点“江宁公安在线”，呈现出双核模式，同时以“江宁公安在线”为次传播源出现了“陈士渠”“今晚报”等大于 1 的多个关键节点，围绕这些关键节点产生小范围的局部信息扩散，其中节点“陈士渠”又出现“何兵”的关键节点，深入推动景区危机事件的传播，又具有典型的多点传播的模式。此信息源传播深度为 6 级，集中在一级扩散，占总传播量的 77.5%，整体呈现出多点与双核结合模式（图 7-16）。

### 7.2.4　“故宫事件”案例分析

在“故宫事件”四个信息源的危机信息扩散过程中，呈现出了 3 种扩散模式，即“VISTA 看天下”和“南方都市报”的蒲公英模式、“新京报”的多点与双核结合模式和“北京人不知道的北京事儿”的多点模式。

1）蒲公英模式

信息源“VISTA 看天下”和“南方都市报”在景区危机信息扩散过程中，均

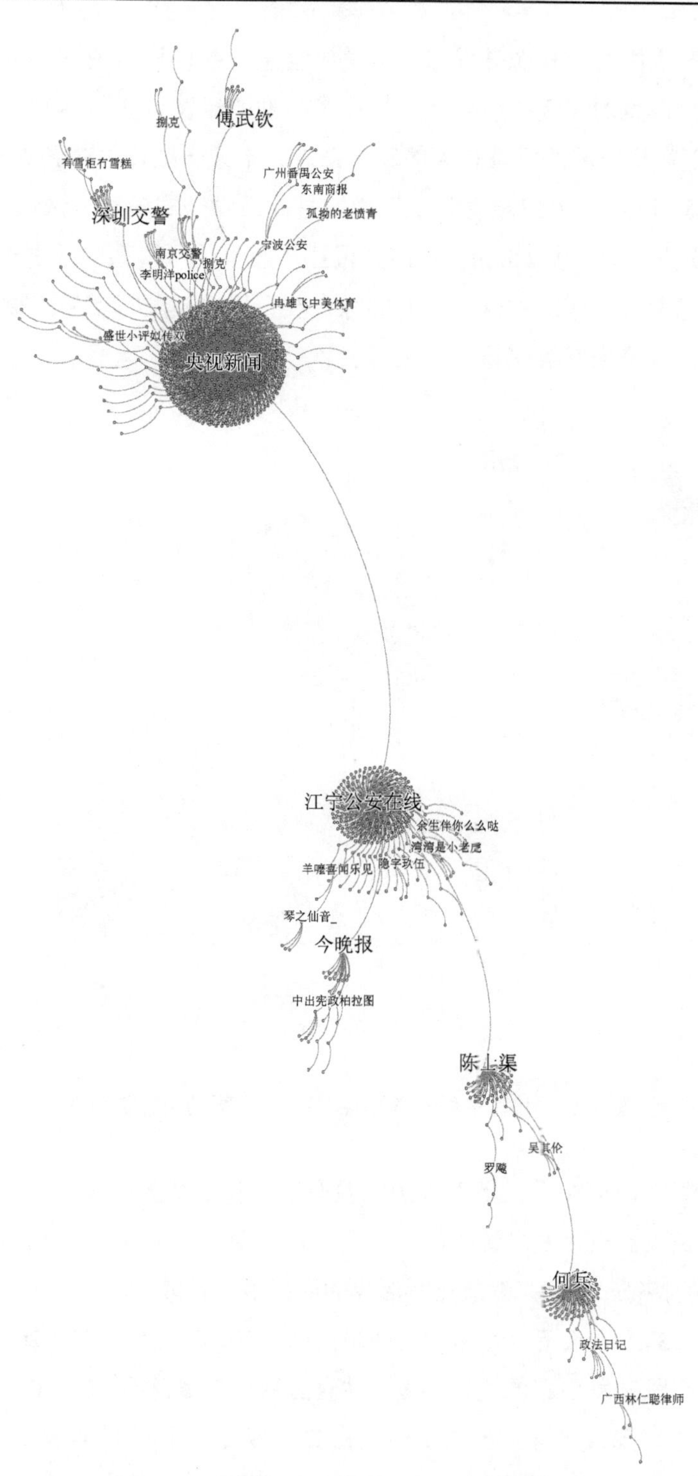


图 7-16　大雁塔事件-“央视新闻”微博节点扩散图

为多个关键节点围绕信息源转发该景区危机信息，并以这些关键节点为中心再次进行景区危机信息的多级扩散传播，形成了小型的爆发点（图 7-17 和图 7-18）。《Vista 看天下》是中国发行量较大的新闻杂志，十天一期，内容涵盖时政、财经、娱乐、文化等领域。“VISTA 看天下”微博是此新闻杂志的官方微博，属于杂志-时政新闻类媒体。《南方都市报》是南方报业传媒集团所属系列报之一，是面向广东省的珠江三角洲地区的群众所创办的综合类日报。“南方都市报”微博是该报纸的官方微博，属于报纸类媒体。

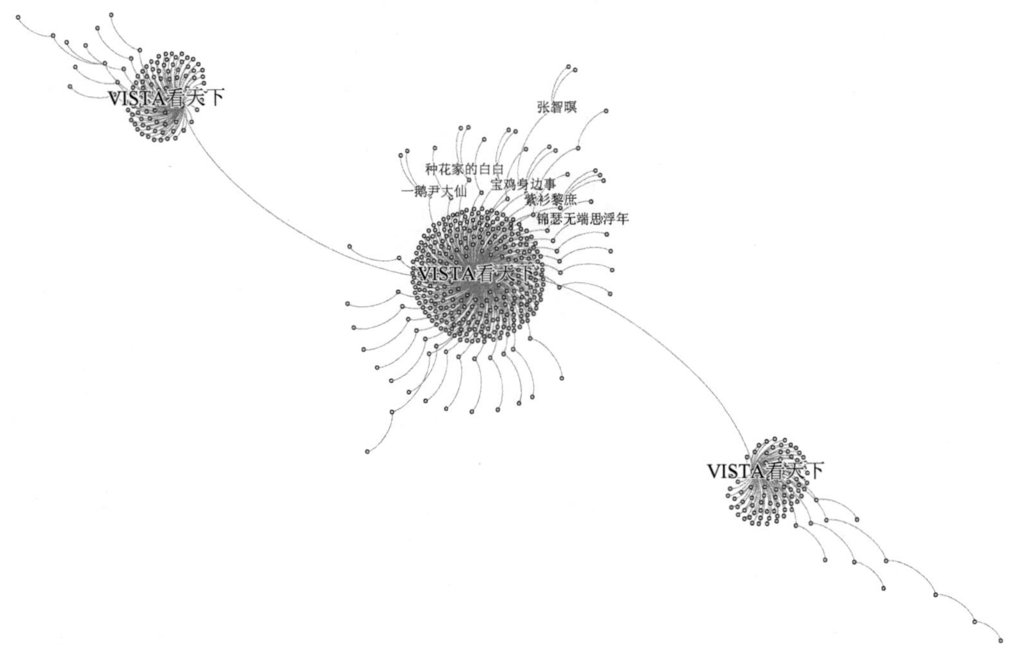


图 7-17　故宫事件-“VISTA 看天下”微博节点扩散图

在信息源“VISTA 看天下”周围主要有三个转发量大的关键节点，形成了以它为中心的二级扩散以及多级扩散，扩散深度达到 5 级。此微博信息的传播呈现出一个明显的特征，三个关键节点所形成的局部信息扩散是同一账户在不同时间的转发，即“VISTA 看天下”在 2015/6/2 21：09、2015/6/1 17：53、2015/6/8 12：11 三个不同时间段转发引起的局部转发，并且三次转发量达到 60 条以上，有两次均在 100 条以上，形成了强大的二次转发，二次转发整体占比 47.5%。总体来看，扩散图依然是大部分节点围绕在一级节点，转发占比 48.5%。很明显“VISTA 看

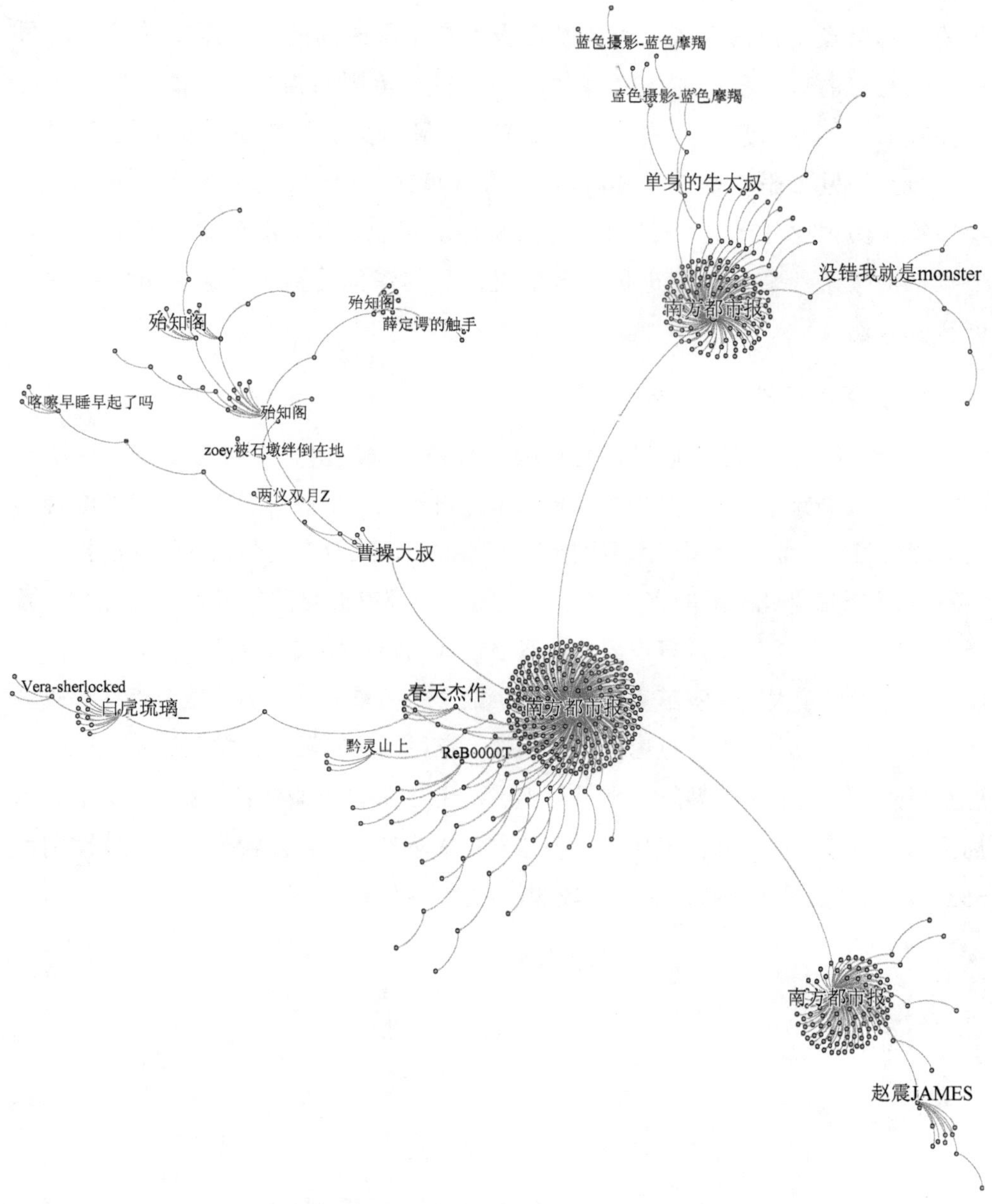


图 7-18　故宫事件-“南方都市报”微博节点扩散图

天下”的多核心点转发扩散影响力较大，由此可以看出作为信息源的关键账户在不同时间的跟踪报道以及二次转发依然会产生较大的影响力，从而进一步推动景区危机事件的广泛以及深入扩散。

“南方都市报”围绕信息源形成了两个大的小型局部扩散，这两个局部扩散的中心节点也是信息源“南方都市报”在不同时间的二次跟踪转发。这两个关键节点的转发量均在 130 条以上，形成小范围的强有力传播。除了这两个关键节点，在信息源周围一个关键节点“曹操大叔”转发量也高达 70 条。其他节点转发量平均在 5 条左右。“南方都市报”第一、二级传播强度较高，传播第一级占比 42.9%，第二级占比 38.7%。可以看出，此条微博有多个边缘节点形成了多级转发，促进了景区危机信息的深度传播，此条微博的转发深度达到 6 级。

2）多点与双核结合模式

“新京报”信息源在危机信息扩散过程中，呈现出了多点与双核结合模式（图 7-19）。《新京报》是由是光明日报和南方日报两大报业集团联合主办的综合类大型城市日报，是中国第一家得到国家有关部门正式批准的跨地区经营的报纸。“新京报”微博是此报纸的官方微博，属于报纸-都市报类官方媒体。“新京报”微博中关键节点的扩散图是多点模式与双核模式的结合模式。以信息源为中心发散出一个传播量较大的关键节点，以及三、四个传播量非常少的关键节点并形成多级扩散。其中一个关键节点也是“新京报”在后期的转发，转发量达 60 条以上。但是另外一个关键节点转发量则只有 12 条。很明显这条微博转发量较少，信息源周围的一级节点也只是稀疏环绕，整体来看依然是一级转发较多，占整体比例为 66.5%。景区危机事件扩散层次却较深，达到 7 级。

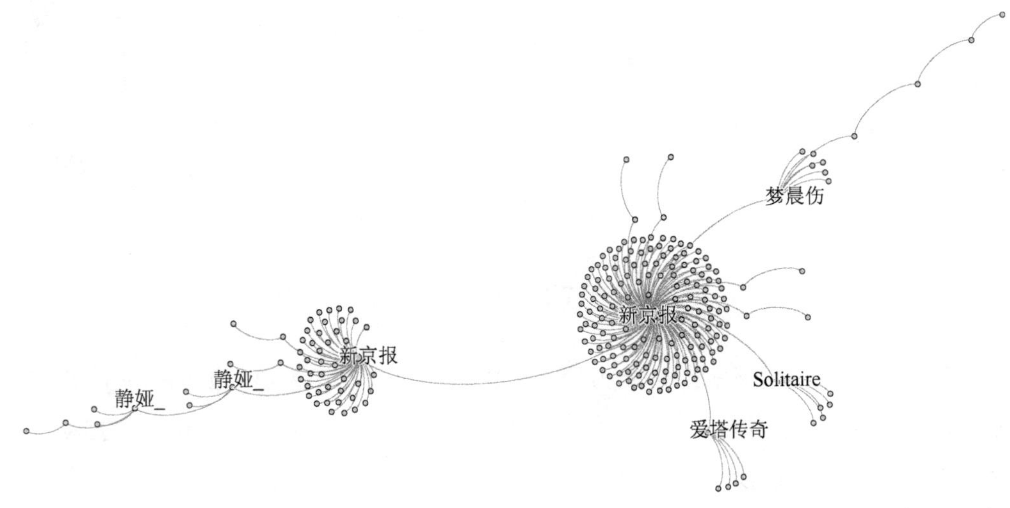


图 7-19　故宫事件-“新京报”微博节点扩散图

3）多点模式

“北京人不知道的北京事儿”是一个直播北京突发事件的本地资讯平台，属于地方资讯类媒体。“北京人不知道的北京事儿”有“斯库里”“我是西蒙周”“舒中胜”等多个关键节点围绕信息源形成小范围扩散，其中“斯库里”以它本身为中心，扩散出多个多层级传播链，形成了弱于信息源的并列核心节点。除了这些节点，扩散基本上围绕信息源停留在一级节点，形成一个大的爆发点，传播第一级占比 74.4%。一级和二级节点并没有出现转发量极大的关键节点，平均维持在 10 条左右。在危机信息扩散过程中，还出现了“白鹤杰”“bpt19”“Qte小邱丘”等关键节点，他们充当了“桥”的作用，延长了多级扩散。“北京人不知道的北京事儿”扩散深度较深，达到 9 级，属于扩散路线较长的一条微博（图 7-20）。

图 7-20　故宫事件-“北京人不知道的北京事儿”微博节点扩散图

### 7.2.5　“山海关事件”案例分析

在“山海关事件”的危机信息扩散过程中，出现了三种不同的扩散模式，即“新京报”的双核模式、“人民日报”的蒲公英模式，以及“财经网”和“头条新闻”的多点模式。

1）双核模式

在“山海关事件”中，围绕信息源微博“新京报”，出现了与“新京报”影响力相当的名人微博“袁腾飞”（图 7-21）。整个信息围绕这两个核心节点进行传播，

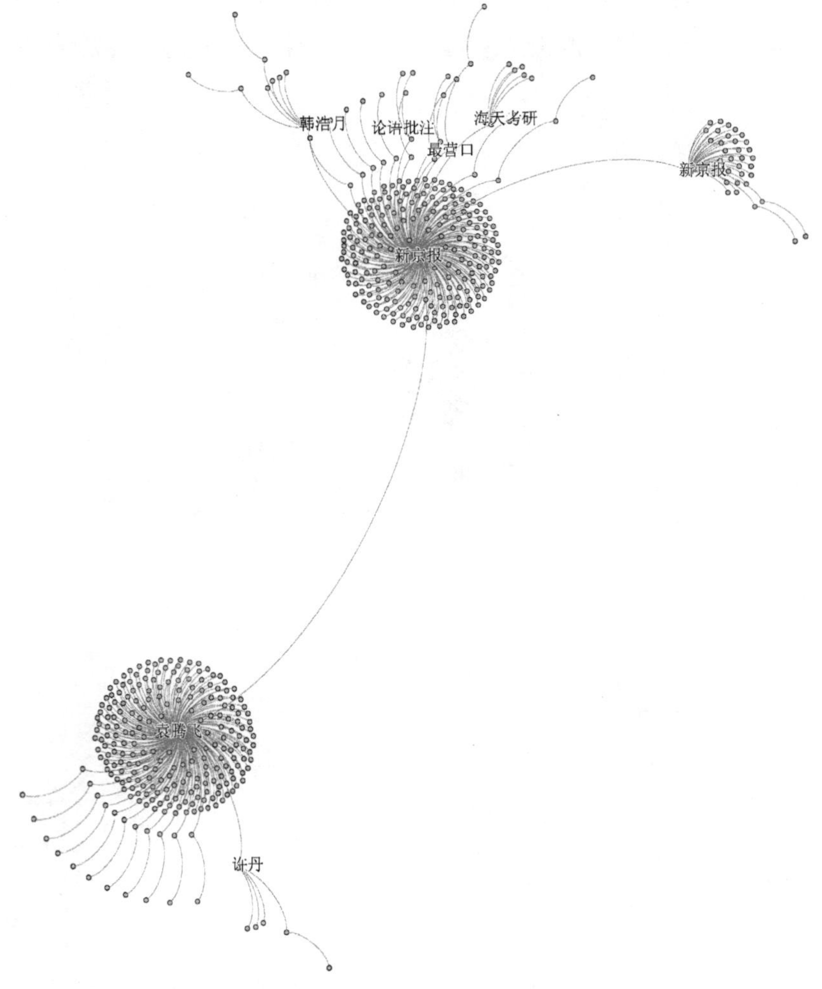


图 7-21　山海关事件-“新京报”微博节点扩散图

形成更广泛和强大的微博信息转发流，在景区危机信息传播过程中呈现双核模式。同时，微博信息节点在围绕这两个核心节点进行扩散时，大部分节点的传播路径停滞在 1～2 级，其中一级传播量占据 42.1%，二级传播量占到 53.4%，而出现 3 级以上的多级传播路径很少。

2）蒲公英模式

在“山海关事件”中，“人民日报”呈现出了典型的蒲公英模式（图 7-22）。“人民日报”围绕信息源出现多个一级节点，并在一级节点基础上伸展出二、三级节点，层层推进景区危机信息持续发展和扩散，形成了多级的局部小范围信息扩

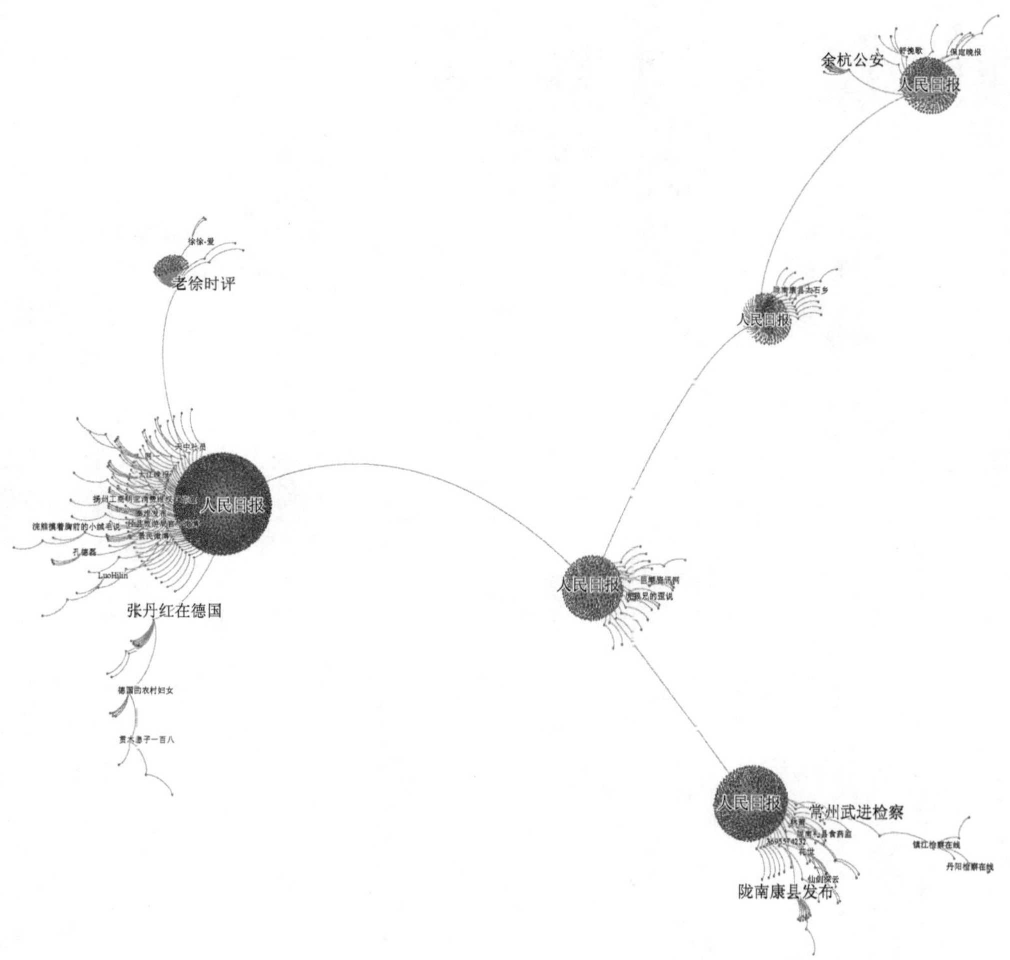


图 7-22　山海关事件-“人民日报”微博节点扩散图

散，因此信息扩散的层级占比相对分散，其中一级转发占比 45.5%，二级转发占比 16.3%，三级转发占比 26.4%。

3）多点模式

在“山海关事件”的危机信息扩散过程中，“财经网”和“头条新闻”呈现出了多点模式（图 7-23 和图 7-24）。其中“财经网”是一家财经证券股票门户网站

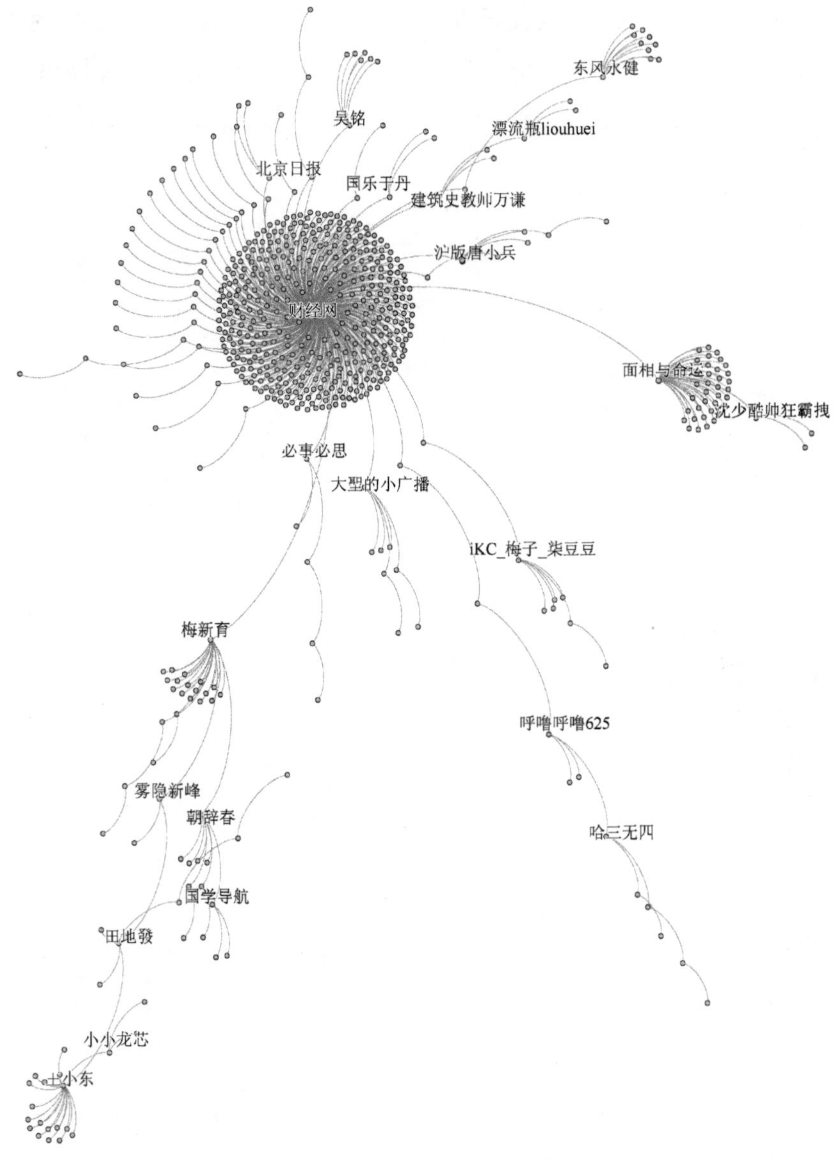


图 7-23　山海关事件-“财经网”微博节点扩散图

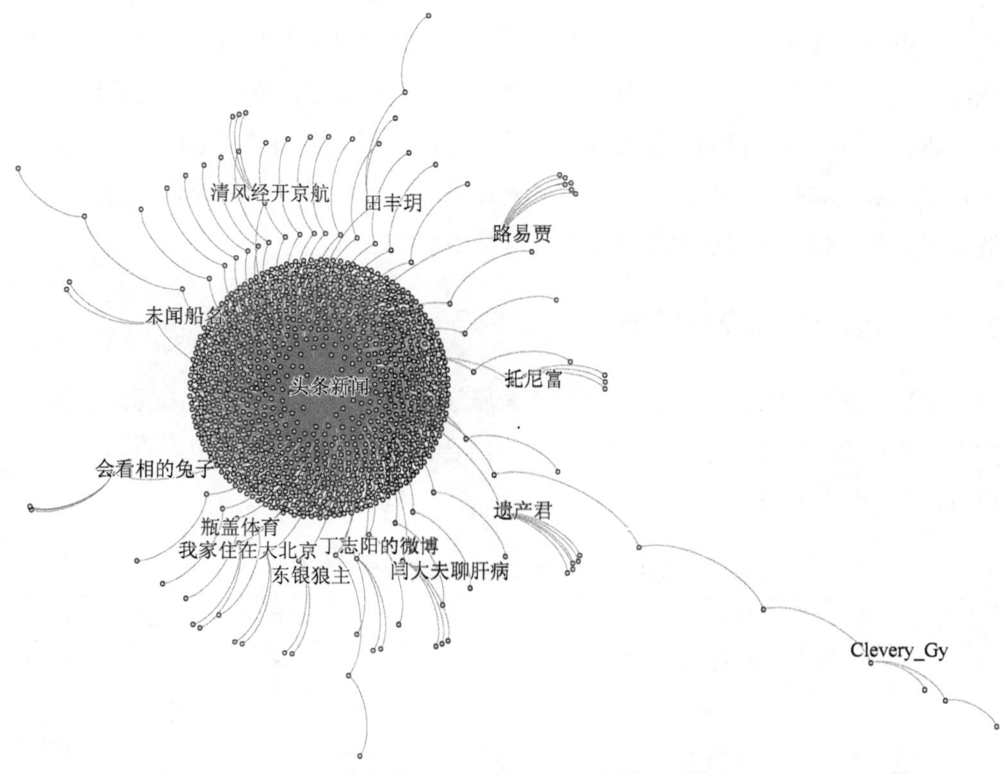


图 7-24 山海关事件-“头条新闻”微博节点扩散图

的官方微博，其目标客户主要为个人以及机构投资者，主要是为访问者提供重大财经新闻及全方位的分析、评论，其总部位于北京。可以看出，以“财经网”为信息源，通过一级核心节点不断裂变出更多的核心节点，然后通过二、三级的核心节点不断地传播危机信息，由单线变为多线，且二、三级传播量均较大，在整个景区危机信息扩散过程中呈现明显的多点模式，裂变的最长路径可达8级。“头条新闻”同时出现了多个小型扩散节点，不过这些节点的扩散能量均较小，主要是以这些扩散点进行二、三级的传播，但其危机信息扩散集中在第一级，占比在94.2%，深层级的传播量并不大。

## 7.3 景区危机信息关键节点扩散特征和模式

综合上述微博传播的各种模式，不管是裂变模式、双核模式、蒲公英模式还是多点模式，不难看出均是关键节点的存在并进一步的推动才能够促进景区危机信息的快速扩散和多级传播，延长景区危机信息在网络上扩散的时间和广度。因此探究景区危机在在线社交媒体信息扩散的模式，更重要的应该是探究关键节点在在线社交媒体危机信息的扩散模式。基于此，本节对相关景区危机事件的关键节点转发数量和扩散圈层类型进行直观对比分析，总结景区危机信息关键节点扩散特征，最后提炼出景区危机信息的关键节点扩散模式。

### 7.3.1 景区危机信息关键节点扩散特征

对比“华山事件”“九寨沟事件”“大雁塔事件”“故宫事件”“山海关事件”关键节点转发层级数量表（表 7-2），同时结合信息源扩散路径及节点类型进行分析可以得出以下结论。

**表 7-2 景区危机信息关键节点转发层级数量表**

| 事件 | 网名 | 转发量 | 第一级 | 第二级 | 第三级 | 第四级 | 第五级 |
|---|---|---|---|---|---|---|---|
| 华山事件 | 魅影丫 | 4 204 | 32.8% | 24.7% | 25.9% | 8.7% | 7.9% |
| | 头条新闻 | 9 088 | 47.2% | 29.6% | 16.4% | 6.1% | 0.7% |
| | 纵伤 | 6 395 | 46.9% | 24.8% | 12.5% | 10.2% | 5.6% |
| 九寨沟事件 | 东方早报 | 1 641 | 34.5% | 33.0% | 23.0% | 5.1% | 4.4% |
| | 央视新闻 | 11 050 | 48.6% | 34.0% | 13.0% | 3.6% | 0.8% |
| | 人民日报 | 2 778 | 58.7% | 35.5% | 4.9% | 0.8% | 0.1% |
| | 广州日报 | 531 | 81.0% | 15.9% | 3.1% | 0.0% | 0.0% |
| 大雁塔事件 | 新浪陕西 | 687 | 26.8% | 68.6% | 3.9% | 0.7% | 0.0% |
| | 人民日报 | 1 028 | 59.0% | 36.3% | 4.2% | 0.4% | 0.1% |
| | 公安部打四黑除四害 | 246 | 58.8% | 29.4% | 10.5% | 1.3% | 0.0% |
| | 央视新闻 | 1 445 | 77.5% | 12.8% | 8.5% | 1.1% | 0.1% |
| 故宫事件 | VISTA 看天下 | 671 | 48.5% | 47.5% | 3.5% | 0.5% | 0.0% |
| | 南方都市报 | 780 | 42.9% | 38.7% | 8.8% | 5.8% | 3.8% |
| | 新京报 | 882 | 66.5% | 26.1% | 3.5% | 1.6% | 2.3% |
| | 北京人不知道的北京事儿 | 264 | 74.4% | 16.7% | 5.0% | 1.6% | 2.3% |
| 山海关事件 | 新京报 | 588 | 42.1% | 53.4% | 4.2% | 0.3% | 0.0% |
| | 人民日报 | 3 226 | 45.5% | 16.3% | 26.4% | 10.6% | 1.2% |
| | 财经网 | 655 | 70.8% | 16.7% | 5.3% | 2.3% | 4.9% |
| | 头条新闻 | 1 384 | 94.2% | 5.3% | 0.3% | 0.1% | 0.1% |

（1）景区危机信息在在线社交媒体的扩散过程中呈现明显的多级扩散。以信息源为中心，在一级扩散圈呈现出强大的信息流，其中草根、官方微博、媒体工作者和名人起着核心关键节点的作用，他们控制着主要景区危机信息的扩散方向，特别是草根和官方微博在一级圈层中起着更为重要的作用，大部分的危机信息流都从信息源流出，通过这两个核心关键节点流向二级圈层。

（2）关键节点扩散量主要集中于前三级，且扩散量逐级递减。以一级传播和二级传播的关键节点最多，尤其是转发量极高的关键节点，多集中于一级传播过程中。虽然其数量不多，却借助自身地位、知名度以及强大的粉丝团，在景区危机信息扩散过程中占尽先机，是推动景区危机信息进一步向更多级扩散的关键因素，扮演着极其重要的角色。

（3）景区危机信息的第一、二级圈层中，草根、名人以及媒体官方微博始终起着关键的作用。一、二级圈层的关键节点多属于草根、名人等人群，但同时出现了媒体工作者、企业微博等其他类型的关键节点，关键节点的种类开始增加，说明网络中的关键节点（意见领袖）已经颠覆了传统上对意见领袖的理解，认为意见领袖在某一个领域内影响较大或者在某一个领域较为活跃。

### 7.3.2　景区危机信息关键节点扩散模式

通过上述分析可知，围绕信息源所产生的关键节点集中于前三级扩散，尤其以一级传播的关键节点和二级传播的关键节点最多。特别是一些转发量极高的关键节点，多集中在一级和二级传播过程中。虽然数量不多，却借助自身地位、知名度以及强大的粉丝团，在景区危机信息扩散过程中占尽先机，是推动景区危机信息进一步向更多级扩散的关键因素，扮演着极其重要的角色。通过对关键节点特征的分析以及关键节点在微博扩散路径的融合，得到微博关键节点在景区危机信息扩散的模式，如图 7-25 所示。

景区危机事件的危机信息在在线社交媒体的扩散过程中呈现明显的多级扩散，以信息源为中心，在一级扩散圈呈现出强大的信息流，其中草根、官方微博、媒体工作者和名人起着核心关键节点的作用，他们控制着主要景区危机信息的扩散方向，特别是草根和官方微博在一级圈层中起着更为重要的作用，大部分的危机信息流都从信息源流出，通过这两个核心关键节点流向二级圈层，媒体工作者

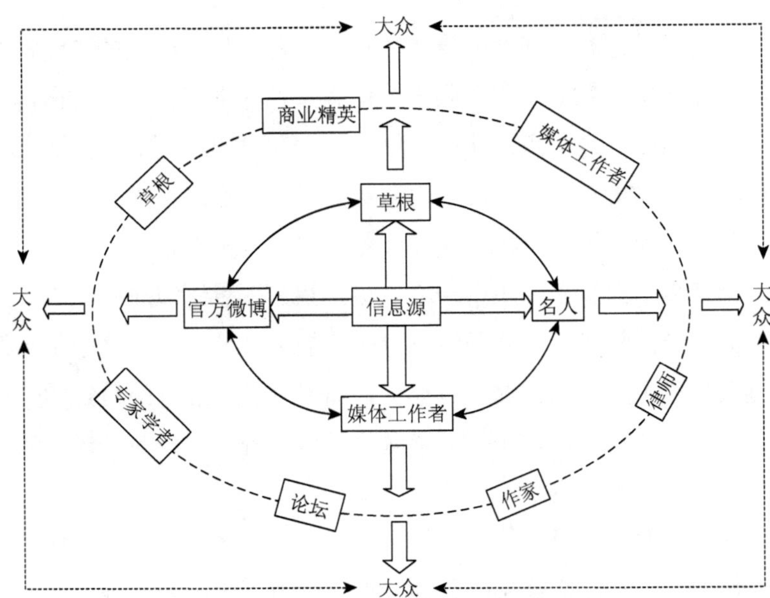


图 7-25　微博关键节点信息扩散模式

相比于其他三个核心关键节点在一级圈层起的作用最小；在二级圈层中，出现了明显多于一级圈层的关键节点，但是信息流强度开始减弱，强度小于一级危机信息流圈层，其中虽然媒体工作者、草根依然扮演着重要的作用，但是不同于其在一级圈层相对弱小的作用，媒体工作者开始在二级圈层起着更为核心的作用。同时，律师和专家学者这种专业背景强、更具权威性的群体开始控制着二级圈层的信息流，且信息流明显呈现出更大范围的扩散，但是在二级圈层中，官方微博已经从核心节点退出；通过二级关键节点的传播进入危机信息流的三级圈层，虽然三级圈层明显大于前两个圈层，但是危机信息流的强度出现更明显的减弱，从三级圈层开始关键节点逐渐淡出，开始更大范围地流向大众，形成大众之间的扩散。

显然，从模式图中能够发现，在第一圈层和第二圈层中，草根、名人以及媒体工作者始终起着关键的作用，特别是在第二圈层中，关键节点的种类开始增加，说明网络中的关键节点（意见领袖）已经颠覆了传统上对意见领袖的理解，认为意见领袖在某一个领域内影响较大或者在某一个领域较为活跃。但是网络上的关键节点显然已经跨越了职业的界限，不单单局限在只对自己专业的领域发表看法。在“华山事件”等 5 个危机事件发生之后，演艺明星、商业精英、文学作家以及律师等各个领域的名人对该事件进行关注，并评论和转发微博，发挥着至关重要的作用。

总体来看，景区危机信息在在线社交媒体扩散从信息源直接被推到主流核心舆论场域中，省去了桥节点等中间环节的信息推送，改变了传统媒介环境下信息有序流动的权力话语格局。在线社交媒体的结构改变了传统的链式传播结构，变成了由多元关键节点构成的同心圆圈层扩散结构，这种结构具有高连通性、高效率等特点，加大了景区危机信息的扩散面和扩散效率，这种结构柔性很大，如果某个路径被主流政治所限制，其流向瞬间变化，就像水流一样信息会从别的渠道继续流动，因此这种结构使得景区危机信息扩散的效率提高。

## 7.4 小　结

综上所述，在线社交媒体是对现实人际网络的还原，同时在线社交媒体，特别是类似于微博这类的在线社交媒体，进入门槛低，使得在线社交媒体人际互动变得比任何时候都复杂，而且难以控制。结合知微平台数据分析，利用 Gephi 软件可视化景区危机在微博扩散的各种模式，产生了裂变模式、双核模式、蒲公英模式以及多点模式。但是上述的所有模式，都是由存在于微博中的各种关键节点推动而进一步促进景区危机信息的扩散，延长了景区危机信息在网络上扩散的时间和广度。因此通过对关键节点特征的分析以及关键节点在微博扩散路径的融合，进一步得到关键节点在微博上景区危机信息扩散的模式，发现微博这种在线社交媒体改变了传统的链式信息传播结构，变成了由多元关键节点扩散构成的同心圆圈层结构，并且在不同的传播圈层，不同的关键节点起着不同的作用。

## 参 考 文 献


[1] 张浩. 媒介融合环境下对新闻传播的影响探析[D]. 重庆：重庆大学，2012.

[2] 于洪. 基于统计分析的微博信息传播规律研究[J]. 数字通信，2013，40（2）：6-10.

[3] 孟令俊. 突发事件中的微博传播与舆论引导[D]. 武汉：华中师范大学，2011.

[4] 潘昕颖. 基于微博舆情事件的节点地理扩散[D]. 石家庄：河北师范大学，2014.

[5] 张浩. 媒介融合环境下对新闻传播的影响探析[D]. 重庆：重庆大学，2012.

[6] 袁立庠. 微博的传播模式与传播效果[J]. 安徽师范大学学报（人文社会科学版），2011，39(6)：678-683.

[7] 郭海霞. 新型社交网络信息传播特点和模型分析[J]. 现代情报，2012，32(1)：56-59.

[8] 尹晓倩. 微博用户关系网络结构特征研究[D]. 北京：中国地质大学，2013.

# 第 8 章　危机信息处理

在对五个案例进行综合分析的基础上，本书研究了旅游景区危机信息扩散的基本特征，主要包括关键节点的扩散规律、时空扩散规律，并进一步研究了影响旅游景区危机信息扩散的主要因素，这些成果对于未来景区危机信息扩散理论的进一步研究以及对信息扩散的控制、危机公关具有极其重要的支撑作用，同时丰富了旅游地理学、信息地理学和传播学的研究内容。

## 8.1　研 究 发 现

科学技术改变生活，网络社会的社交媒体（如微博）等所产生的信息扩散力量让人叹为观止，这种变化正变成一种微文化日益渗透到人们生活的各个方面，并在潜移默化中改变着人们的生活方式和信息传播的模式，这为当前的旅游研究，尤其是对旅游目的地、旅游景区和旅游企业的研究提供了一个新的视角与方向。

以“华山事件”“九寨沟事件”“大雁塔事件”“故宫事件”“山海关事件”五起不同类型的景区危机事件为案例，以景区危机信息为研究对象，研究危机信息在社交媒体（尤其是微博）中的扩散过程。信息的扩散涉及要素多，本书以景区危机信息在社交媒体扩散过程中的关键节点为重点，运用空间网络分析、回归分析等方法，从危机信息的时空角度，关注信息扩散中的关键节点，总结危机信息的扩散特征，探索景区危机信息在社交网络的扩散规律。

选择微博平台，采用爬虫工具采集危机信息，结合 NetDraw 和 Gephi 软件工具对危机信息进行可视化，进而总结景区危机信息在在线社交媒体扩散的模式，并对这几种模式进行了详细的解析。通过研究，可以得出以下研究结论。

（1）景区危机信息在线传播已经从主流媒体扩散场域流入草根扩散场域，“微博达人”和事件亲历者成为草根场域的核心。网络时代的一个重要特征是“去中心化”，社交媒体则为“草根”群体赋予了更多的获取信息、传播信息等权力，使得“e 见领袖”更加平民化，以传统媒体为中心的传播场域逐渐被草根扩散场域所取代，而将“微博达人”和事件亲历者置于舆论的中心。

通过研究发现，媒体工作者在景区危机事件在线扩散中的作用较为滞后，而“微博达人”和媒体官方微博在景区危机信息扩散过程中的作用则不容忽视，他们虽然基数小，却拥有强大的粉丝团，传播效率非常可观。同时不同性质类型的危机信息吸引着特定职业性质的人群，在相关行业和领域内具有典型的节点群体聚类效应。另外，关键节点微博的被转发数与其微博的粉丝数、发微博数以及关注数有显著的相关关系，而关键节点微博的粉丝数、发微博数会对关键节点微博的被转发数产生直接的正向影响，但是关键节点的关注数对微博的被转发数却没有直接的影响。

（2）关键节点微博转发的时间存在明显的早高峰和晚高峰，且早高峰传播的强度大于晚高峰，但是晚高峰持续的时间长于早高峰，整体呈现出“酝酿期”—“爆发期”—“蔓延期”—“沉默期”—“消退期”的时间变化阶段。研究发现，从危机信息的时间特征来看，景区危机事件和其他危机事件有一定的差异，危机信息发生后的前 5 个小时为网络控制关键节点的最佳时间，且新闻媒体类官方微博的时效性更强，其最佳引导时间可以提前到事件发布后的 0.5～2 小时。不同级别的关键节点在在线社交媒体危机信息扩散中时间变化是不同的，一级关键节点的活跃度在其发出后的前 5 个小时和第 14 个小时比较活跃，而二级关键节点的扩散速度远超于一级关键节点，集中在几秒钟到几分钟。因此，对景区危机在线社交媒体扩散的控制最重要的是控制关键节点的扩散时间，特别是对一级关键节点扩散时间的控制。一旦景区危机信息扩散突破了一级关键节点，就会在极短的时间内传到二级关键节点，就会一发不可收拾，迅速传遍整个网络。

（3）景区危机信息较其他旅游信息在空间扩散范围上广，具有全域性，空间扩散存在一定的距离衰减现象。景区危机信息较其他旅游信息在空间扩散范围上广，具有全域性，且约有 50%的省份贡献了约 80%的信息扩散量，呈现“五八”现象。5 起危机事件地理集中指数均较小，与其他旅游产品及营销信息相比偏小。这表明在互联网背景下，公众参与危机事件信息的空间范围扩大，对景区危机信息也更为敏感。

随着空间距离的扩大，空间扩散强度减弱，但空间距离并不是影响景区危机信息空间扩散效应的主要因素。从 5 起危机事件扩散效应来看，周边邻近省份的扩散强度较弱，而且相关性分析结果显示“大雁塔”“故宫”“山海关”景区危机事件的空间扩散率与空间距离有负相关关系，但前两起事件的负相关性并不显著，“九寨沟事件”也未表现出负相关关系。

（4）景区危机信息总体空间传播呈现以事发地、北京、上海、广东等为枢纽的多三角形的空间结构。其中以“事发地—北京—上海”形成的三角结构的信息流动频度最高。也就是说景区危机信息在在线社交媒体扩散的路径是以原始信息源为中心，以北京和上海两地作为枢纽形成大量的危机信息扩散。其中，北京在景区危机扩散过程中作为关键的信息流入和流出枢纽，而广东、上海、江苏、浙江等地区虽然是强大的信息流入枢纽，但是并没有发生大量的信息流出。所以有关部门要尽量把握好旅游危机事件的发生地、北京和上海信息扩散路径。

在危机信息发生初期，有关部门在事件发生地应该快速作出回应，否则如果处理事件不及时或者产生更多的负面新闻，一旦危机信息扩散突破原始信息源，就会通过北京和上海这两个枢纽扩散向全国。景区危机信息扩散整体集中在我国东部经济发达地区，事件在周边邻近省份的扩散较弱。研究发现，危机事件发生地、北京、广东、上海、江苏以及浙江等省份的扩散率高，这些省份在景区危机信息的空间扩散方向上发挥重要导向作用。总体上，危机事件发生地的扩散率明显高于其他省份，危机事件发生地一般为信息源头，当危机发生时，目的地在信息获取及关注程度上一般较其他地区反应强烈。在其他相关研究中，北京、广东、上海、江苏等地均属于高扩散率地区，在景区危机信息空间扩散中这些省份统一扮演了重要角色，与其他信息的空间扩散无异。

（5）景区危机信息在在线社交媒体扩散中存在裂变模式、蒲公英模式、双核模式以及多点模式等多种扩散模式。它们在景区危机信息在线社交媒体扩散过程中相互交织，使得微博信息传播异常复杂和难以控制，但是不难看出，所有扩散模式都是由关键节点推动和进一步扩散的。因此在对关键节点在社交网络上扩散的特征和关键节点的扩散路径分析的基础上，总结了关键节点在线社交媒体危机信息扩散的模型，即多元关键节点构成的同心圆圈层扩散结构。发现在 3 个的传播圈层，景区危机信息流的强度逐渐减弱；不同的关键节点在不同的圈层起着不同的作用。因此，在处理景区危机事件在在线社交媒体扩散的时候，要快速有效地识别关键节点，特别是在一级圈层的关键节点，如官方微博、名人（知名演员和商务从业者）、媒体工作者或者事件当事人等，他们控制和决定着大量景区危机信息的流动趋势与走向。

（6）区域经济发展水平对于景区危机事件的地理空间扩散起重要作用。相关性分析结果显示，人均可支配收入、互联网普及率与景区危机信息空间扩散率在 0.01 水平上显著相关，“大雁塔事件”“九寨沟事件”的空间扩散率与国内游客人数也具有显著相关性，但进行进一步的逐步回归分析发现，最终能够解释景区危机信息空间扩散效应的重要因素只有人均可支配收入。人均可支配收入是消费开支的重要决定因素，常用来衡量一个地区生活水平和经济发展水平。可见一个地区的生活水平越高，对此类事件的关注程度越高。经济发展水平达到一定程度，人们对精神文化的追求更高。旅游活动属于人类更高层次的社会文化活动，景区发生的各类危机事件不会影响人们的衣食住行，但会影响人们对社会文化、思想道德等的认知与接受以及旅游体验等。因此，经济发展水平高的地区对旅游、对景区的危机事件更为关注和敏感。

总之，旅游行业本身作为敏感行业，对任何外在或者内在危机的反应都会比较强烈，特别是在社会网络化的今天，任何细小的危机如果与网络相连接，都会转变成不可估量的大危机。因此，了解景区危机信息在在线社交媒体上扩散的规律，特别是关键节点在在线社交媒体扩散的时空规律和扩散模式，可以在现实应对景区危机信息网络扩散的过程中快速高效地寻找到切入口，用最短的时间和最有效的方法将危机事件造成的消极影响在最大范围内降至最低。

## 8.2　危机信息处理策略

我国正处在旅游发展的转型期，游客大量的旅游需求和旅游产品结构化供给之间的矛盾越来越凸显，这种情况下，在景区的各种事件会基于互联网平台进行传播。尤其是在社交媒体发达的今天，游客的意见表达和传播的开放性、便捷性导致各类危机事件不断。尤其是近年来，云南省丽江的旅游危机事件不断，如“女子丽江遭暴打毁容”“云南丽江古城被国家旅游局严重警告事件”“丽江官微怒怼游客事件”等多起有着巨大影响的旅游危机网络事件对丽江旅游的发展影响巨大，其中不少事件反映出当地政府及部门在应对网络危机经验和能力上的不足，导致其旅游目的地形象和政府公信力严重受损。因此，如何积极处置景区旅游危机事件，主动引导网络舆论，塑造良好的目的地形象和政府公信力，提升各级政府和景区的危机信息控制与危机公关能力成为亟待解决的问题。

在舆情分析领域，出现了“黄金 24 小时”“黄金 4 小时”“黄金 1 小时”的概念。从大家认为的 24 小时的舆情控制最佳时间到现在认为的 1 小时的舆情控制最佳时间，这中间最主要的原因是媒体发生了巨大变化，从平面媒体到社交媒体的发展将信息传播推向了新的高潮，微博、微信等新媒体成为信息快速传播的重要载体，在数小时之内就可能将景区的危机信息快速传播（几何级扩散），使危机信息发酵为有着重大影响的景区危机事件。在自媒体（社交媒体）时代，危机信息的控制成为重要的工作，正确的危机信息处理程序和策略是关键。

对于景区危机信息的处理，企业应该有一套严格的程序，在正确的程序下，采用正确的策略将危机对景区危机的影响减到最小。具体的程序如下：第一是舆情（信息）监测；第二是危机信息识别；第三是危机影响评估；第四是危机信息处理；第五是危机公关。

### 8.2.1　系统的舆情监测

景区需要及时地发现舆情，及时地处置突发事件和媒体危机，在第一时间通过官方媒体澄清、回应、答复。这将成为危机事件控制的关键一环。舆情监测成为现代景区信息化建设（智慧景区）重要的组成部分。

智慧景区是在新一代信息技术和行业应用共同推动下产生的，智慧景区汇集云计算、物联网、移动终端通信以及人工智能四大技术，将景区数字营销平台、客流监测平台、信息采集与舆情分析平台、生物身份识别平台、数字旅游服务系统、旅游电子商务平台、旅游产品预订与销售等项目综合集成，能够为景区提供智能管理、智慧决策与运营、智慧旅游服务。舆情分析是需要对大量的信息进行采集，并对与该景区相关的信息进行发现的一个过程。舆情分析模块是智慧景区的重要组成部分。在自媒体时代舆情监测需要对重要的社交媒体信息源进行监测，如新浪微博、主要的 OTA（online travel agent）的论坛等。

### 8.2.2　即时的危机信息识别

旅游舆情分析和应用的目的是为旅游景区提供专业的网络舆情分析，预测舆情走势并为旅游景区危机防范及应急体系建构提供参考与佐证。通过旅游舆情采集的类属化基本标准与方法的研究，建立景区舆情追踪、处理的智能化方式与技术，能够监测舆情传播方式并进行影响评估，最终建构旅游目的地危机应急管理体系（包括应急平台/预案）。其中舆情分析最重要的就是利用信息技术监测重要的信息源（如微博），通过关键词的监测，发现与景区相关的重要危机信息，并提出警示。

即时的危机信息发现主要利用舆情分析系统来实现。发现危机信息是非常重要的，但是在发现危机信息以后，要及时地对危机信息进行识别。及时发现并识别景区危机信息，有助于及时、准确地掌握景区危机的情况。危机的发现需要利用快速的信息采集和挖掘技术，在海量的信息中发现危机，找到信息源，以便于景区能够对危机做出快速、准确的决策，提高景区处置危机的能力和工作效率。信息发现的基本思路和程序如下：建立危机历史资料库和案例库，尽量收集景区曾经发生过的危机事件，并收集相关景区发生危机事件的案例，将描述景区危机的自然语言文本进行分词，分类构建景区危机模式。即时地采集信息，对信息源的数据不断采集和过滤，和资料库中的数据进行比对，并通过与危机模式比对，辅助景区危机管理部门快速、准确地处置新的景区危机。

### 8.2.3　科学的危机影响评估

危机影响的评估是在识别景区危机信息的基础上，首先进一步确认危机的源头及可信度，进而确认危机所可能造成的损失程度，并根据目前信息的扩散情况以及已有的扩散模式和模型，及时分析和预测危机进一步恶化或扩散的概率。确定和预测此次危机利益相关者的反应与未来可能的策略。

对于危机信息可能造成的损失以及进一步扩散的程度的预测有多种方法，既可以利用前面对于信息历时性分析和扩散模式的研究进一步预测危机扩散的程度，也可以利用其他研究方法进行评估，既可以采用定性方法，也可以采用定量法，或者两者结合。以下介绍几种常用的危机评估方法。第一种方法是专家意见法。由于时间紧迫，有些景区危机的评估无法完全采用定量研究的方法，这时可以采用定性方法进行评估。专家意见法是一种行之有效的定性分析方法，通过征询业内相关专家的意见，确定危机的破坏程度。具体的方法有头脑风暴法和德尔菲法，此两种方法的效率高，对于危机评估非常实用。第二种方法就是利用舆情分析系统，在前期建立的扩散模型的基础上，定量预测未来信息扩散的时间和扩散空间的情况，并对一些关键节点进行扩散分析，预测并评估其扩散情况。

### 8.2.4 及时的危机信息处理

在社交媒体时代，在线信息的扩散非常快，而且几乎没有门槛限制，当危机信息出现后，就会快速地传播。对此，作为景区，要在系统的舆情监控的基础上，即时发现危机信息并进行确认和评估，及时与平台（网站）沟通、协调，以及主动通过社交媒体对信息进行评论和引导，消解和避免危机信息的扩大。危机信息处理的具体方法主要有以下几个方面。

（1）及时地控制关键节点。在前面的研究中可以知道，危机信息的传播有其时空特点，不同危机信息的关键节点也会不同，因此要把握“黄金 1 小时”和“黄金 4 小时”的规律，在危机信息传播的初期（危机信息出现 4 小时内）对危机信息进行控制，同时最为关键的是要迅速找出关键节点，及时封堵信息的进一步扩散。对于社交媒体平台（包括微博、论坛）应快速找出源头，在查明危机事件的基础上，采用合理的手段，协调发布者或者有权限的负责人帮助删除信息源，同时协调其他网站不再转载，避免在网络上的传播扩散。尽早尽快降低危机信息扩散对景区带来的负面影响。

（2）通过官方信息平台发声，澄清事件真相并表态。对于景区而言，在控制信息扩散的同时要快速通过景区的官方信息平台（官网、官方微博等）发声，对事件进行澄清并表明对事件的态度，邀请主流媒体进行报道。具体是由景区主要领导及相关部门组成事件调查小组，并通过景区的新闻发言人或网络发言人进行媒体信息的发布。对于涉及刑事案件的要与公安部门协同处理，涉及其他政府部门的要和政府进行沟通。做到主动、及时、公开、透明的信息发布，保证信息的真实性、准确性和权威性，争取舆论主动权。如果危机信息控制不力，已经发展成为舆论的焦点或热点，则应从公共政策议程的诉求出发，利用信息平台对危机事件的真相、处理过程进行不断、大量的报道，并不断地和媒体、当事人、意见领袖等进行互动，在事件得到合理处理的基础上促成舆论平息，化解因危机信息导致景区承受的舆论压力。需要特别注意的是，官方信息平台的发声一定要准备充分，不能为迎合公众的呼声，在对危机事件真相没有调查清楚的情况下而匆忙发布，避免因为发布内容不真实或者不准确带来新的危机。

（3）充分利用“草根”的作用，发挥意见领袖的舆论引领作用。在不同的危机事件中，当事人、参与人以及一些微博达人可能会成为这一事件的关键节点。通过微博和论坛可能构成以草根为主体的扩散场。而草根由于其在事件中的不同作用而导致其所发布的信息往往得到信任，其信息可以得到快速的传播。另外，一些网上意见领袖的转发和评论可能得到广大网民的认同。因此对于当事人、亲历者以及网络意见领袖在事件扩散中的作用要有充分的认识，通过这些“关键节点”在媒体发表言论来澄清危机信息，草根天然的亲和力可以对控制事件信息的扩散起到事半功倍的效果。

### 8.2.5　正确的危机公关

首先，多渠道持续性化解景区危机。化解景区危机事件，要采用多渠道并不断持续地进行，除新闻评论、论坛、微博、微信等在线信息平台外，也可以通过电视、报纸等传统媒体进行。目前，景区官方微博和微信在覆盖面、信息质量、应用水平、综合影响力等方面虽然出现了不断提升的趋势，但是景区的这些自由平台由于受到各种因素的限制，其影响力十分有限，因此在对外的信息发布上，要充分地和主流媒体以及一些意见领袖沟通，利用这些媒体进行信息发布，从而避免由于景区平台不足的影响。

其次，提升化解景区危机信息的意识。由于互联网的开放性、无国界性和匿名性，公共危机事件发生后，不同主体由于对信息的了解程度不同以及立场的差异，会对事件发出不同的声音，这些评论中有些观点可能会左右舆论走势，对景区产生比较大的影响。所以，为更好地化解景区的危机，需要对景区官方发布的信息进行评估，防止观点“偏差”而进一步加剧危机。需要对危机信息进行深度挖掘，对网络的一些关于危机的观点进行评估，对于谣言要及时辟谣。同时可以对不同层级员工进行培训，提高意识，并制定相应的标准和程序，规范行为，提升对危机事件的化解能力。

最后，要适时采取一些强制方法配合危机公关。景区危机事件发生后，各种信息相互碰撞，信息不断发酵后容易形成网络谣言。所以，当信息变成谣言时，其产生的初期，在辟谣的同时，联系不同类型的媒体平台，提供事件的真实信息，联合删除谣言，可以降低网络谣言对于景区品牌形象的影响。在危机事件的处理中，要在坚持处理流程的基础上，必要时对信息进行控制。

## 8.3 研究展望

本书以五起景区危机事件为例，探讨了景区危机事件信息的节点规律、时空规律、空间扩散效应，并就其影响因素进行了分析。从新的视角入手，对景区危机信息在在线社交媒体扩散的研究进行了一些扩展，希望能够为以后景区危机信息在在线社交媒体扩散提供更多的参考和依据。

需要进一步强化的是对于数据的采集能力。由于国内游客统计数据获取有困难，“九寨沟事件”利用了四川省国内游客 2004～2010 年的平均数据，而山海关及北京国内游客数据缺乏，因此客源市场情况与景区危机信息空间扩散的关系研究不够深入。由于收集数据的限制，只针对微博上呈现的内容因素来分析与微博危机信息被转发量之间的关系，但是其他因素如标签、地理位置等也会对微博被转发数产生影响，因此，未来的研究可以考虑标签等其他因素与微博被转发数之间的相互影响。

危机信息的现有研究更多地集中于传播主题和扩散的时空特征，但是微博的评论内容也会对微博的转发量产生影响。因此，对于微博的非结构化数据的深入挖掘，也是未来研究的重要方面。多元数据的协同研究，对于厘清扩散规律以及影响因素有重要意义。

由于受到人员、资金等方面的影响，本书在研究时选取了近年来网络传播中极具有代表性的旅游突发危机事件，而且仅针对于景区的危机事件。然而，网络时代，不同突发景区危机会对旅游者造成不同的情感影响，进而对景区危机信息转发的动机就会不同，所形成的转发路径亦会不同，所以多案例研究、大数据研究是未来研究的方向。